시편사색, 시편 한 권으로 읽기

-토라로 토다를-

왕대일 지음

대한기독교서회

구약사상문고 6

시편사색, 시편 한 권으로 읽기

-토라로 토다를-

2013년 6월 10일 초판 1쇄
2025년 12월 20일 초판 6쇄

지은이/왕대일
펴낸이/서진한
펴낸곳/대한기독교서회
편집책임/김인자

등록/1967년 8월 26일 제1967-000002호
주소/서울시 강동구 성내로 16(성내동)
전화/편집 553-0873~4 영업 553-3343
팩스/편집 3453-1639 영업 555-7721
e-mail/editor@clsk.org
http://www.clsk.org

책번호/2014
ISBN 978-89-511-1662-9 94230
978-89-511-1426-7 (세트)

The Christian Literature Society of Korea, Seoul
Printed in Korea

*책값은 뒤표지에 있습니다.

시편사색, 시편 한 권으로 읽기

-토라로 토다를-

구약사상문고를 내면서

구약성서의 세계는 오늘날 우리가 보는 것과는 매우 다른 모습을 갖고 있습니다. 그리하여 구약성서가 21세기에도 여전히 우리에게 권위 있는 말씀으로 살아 숨쉬기 위해서는 전문가의 도움이 필요합니다. 그래서 "한국구약학연구소"(Korea Institute for Old Testament Studies)는 구약성서가 현대인을 살리는 하나님의 살아 있는 말씀으로 선포되는 일에 헌신하고자 합니다.

"구약사상문고"(Old Testament Thoughts Library)는 현대인에게 구약성서를 친숙하게 전달하기 위한 목적으로 기획되었습니다. 이 문고를 통해, 저명한 국내외 구약학자들의 전문성 혹은 대중성을 가진 최신 연구 성과물과 그 번역물을 소개하려고 합니다. 이러한 노력으로 구약성서의 깊이 있는 메시지가 세상에 널리 전파되기를 소망합니다.

"한국구약학연구소"의 새로운 프로젝트에 감사하게도 구약 각

분야의 탁월한 전문가들과 대한기독교서회가 적극 지원하기로 하였습니다. 특히 한국 교회와 신학의 발전을 위해서 1세기 넘게 헌신하고 있는 대한기독교서회의 결단에 깊이 감사하며, 문서선교를 통해 하나님의 나라가 확장되기를 기대합니다.

한국구약학연구소장, 구약사상문고 기획위원장 차준희

기획위원 [가나다순]

강성열(호남신학대학교)
권혁승(서울신학대학교)
김윤희(횃불트리니티대학원대학교)
김은규(성공회대학교)
김은호(한국성서대학교)
김지찬(총신대학교)
김창대(안양대학교)
김태훈(한일장신대학교)
김 회(에스라성경대학원대학교)
김회권(숭실대학교)
류호준(백석대학교)
민경진(부산장신대학교)
박경철(한신대학교)
박동현(장로회신학대학교)
박신배(그리스도신학대학교)
박철우(나사렛대학교)
서명수(협성대학교)
안근조(호서대학교)
오택현(영남신학대학교)
왕대일(감리교신학대학교)
유윤종(평택대학교)
이경숙(이화여자대학교)
이승현(대전신학대학교)
이형원(침례교신학대학교)
이희학(목원대학교)
장석정(관동대학교)
장세훈(국제신학대학원대학교)
전성민(웨신대학원대학교)
정석규(한영신학대학교)
정중호(계명대학교)
조휘(아세아연합신학대학교)
차준희(한세대학교)
천사무엘(한남대학교)
최기수(성결대학교)

머리말

제가 이번에 펴내는 『시편사색, 시편 한 권으로 읽기』는 시편을 한 권으로 읽은 사색의 결과입니다. 시편의 시를 장르(genre) 별로 읽지 않고 시편의 짜임새(composition)를 따라서 시편의 생김새, 쓰임새, 매무새를 살펴보았습니다. 시편을 탄원시, 찬양시, 감사시, 제왕시 같은 유형에 따라서 읽지 않고, 시편이 다섯 마당으로 짜인 한 권의 책이라는 매무새를 깊이 헤아리면서 읽었습니다. 『시편사색, 시편 한 권으로 읽기』는 그런 사색의 결과입니다.

현재 우리가 읽는 시편에서 맨 처음 우리 눈에 들어오는 글자는 "제1권"이라는 표시입니다. 그 제1권이 제2, 3, 4, 5권이 되어 시편의 매무새를 오경에 걸맞은 토라로 꾸며놓았습니다. 그러니까 시편은 그 독자인 우리에게 모두 다섯 권으로 구분되어 있는 시편의 세계를 펼쳐 보이고 있습니다. 다섯 권이 하나의 시편으로 묶여 있는 생김새입니다. 하나의 시편 속에 다섯 마당이 펼쳐지는 짜임새입니다.

지금까지 우리는 시편의 얼개가 모세의 토라를 본떠 다섯 울어리로 되어 있다는 사실에 그리 눈길을 주지 않았습니다. 이 책은 이런 내림버릇에 대한 뉘우침으로 말문을 열었습니다. 그런 뉘우침의 단초는 제럴드 윌슨(Gerald H. Wilson), 에리히 젱어(Erich Zenger) 같은 학자들이 제공하였습니다.[1)] 우리나라에서는 박경철이 그런 시각에서 시편을 새롭게 읽어가는 시도를 하였습니다.[2)] 『시편사색, 시편 한 권으로 읽기』는 그들이 제공한 시편읽기의 새 방향을 따르고 있습니다. 그러다 보니 탄원시, 찬양시처럼 장르별로 이해해 오던 시의 지평이 다섯 권으로 구성된 시편의 생김새→짜임새→쓰임새→매무새 속에 추렴되었습니다. 시편의 다섯 마당을 떠받치는 두 기둥이 이른바 "토라시"와 "제왕시"라는 저의 생각도 그들로부터 얻은 배움을 시편사색에 응용한 결과입니다. 한 권으로 읽는 시편의 기도에서 "토라"(תורה, 말씀)로 "토다"(תודה, 찬양, 감사)를 고백하고, "토다"로 "토라"를 실천해가는 경건의 세계를 이루게 되었습니다.

이 책은 한국교회의 목회자를 위하여 집필되었습니다. 사경회 기간 중 성도들과 시편의 기도를 되새겨 보려는 목회자를 위하여 집필되었습니다. 이 책을 탈고하면서 시편의 기도, 시, 노래가 오늘 한국교회의 기도, 시, 노래가 되기를 바라는 마음을 지니게 됩니다. 이 책이 설교자의 강단에, 목회자의 성경공부에 쓰임 받는 교재가 되기를 바랍니다. 이 책에 인용된 성경본문은 『성경전서 새번역』의 본문입니다. 시편의 글말이 시(詩)인 것을 되새겨 보고자 했기 때문입니다. 그래서 필요한 경우 사역도 제시하였습니다. 이 책을

“구약사상문고”의 일환으로 펴내게 된 것을 기쁘게 생각합니다. 이 책의 집필을 위해서 격려해주신 한국구약학연구소 소장님이신 차준희 교수님과 출판을 위해서 수고해 주신 대한기독교서회의 서진한 상무님, 편집부 식구들에게 깊은 감사를 전합니다.

복되어라, 주님의 집에 사는 사람들은
늘 주님을 찬양하며 지내기에.
복되어라, 주님 안에서 힘을 얻은 사람들은
그들 마음속에 곧은길이 있기에(시 84:4-5, 사역).

이 시편사색이 하나님께 영광을 드리는 도구가 되기를 기도합니다.

2013년 4월
우장산 서재에서
왕대일

차례

시편은 시로 읽어야 합니다

시편은 책입니다. 구약성경에서 가장 사랑받는 말씀입니다. 시(詩)로 기록된 말씀입니다. 시편의 시에는 "결"이 있습니다. 무늬가 있습니다. 글말로 짜인 것은 어느 것에나 옷감처럼 나름의 "결"이 있습니다. 실을 짜서 만든 옷감에 직물(texture)을 짠 사람의 마음결이 담겨 있듯이 글로 짜서 만든 텍스트(text)에는 글을 쓰고 다듬고 새긴 사람의 얼 꼴이 담겨 있습니다.

글을 가리켜 한자로는 "문"(文)이라고 합니다. "문"은 무늬에서 온 말입니다. 무늬는 결, 꼴, 생김새를 가리킵니다. 무늬는, 아니 문은, 그것을 "짠" 사람의 존재를 거니채게 하는 통로입니다. 문(文)이 문(門)으로 가는 길이라는 것입니다. 구약의 시편이 그러합니다. 시편은 문(文)에서 문(門)을 여는 책입니다. "토라"라는 길에서 "토다"(찬양, 감사)의 문을 여는 책입니다. 시인의 소리와 마주하는 독자는 누구나 하늘의 무늬를 감상하게 되고, 하늘의 소리에 귀 기울이게 되며, 하늘과 소통하게 됩니다. 그 무늬가, 그 소리가, 그 소통이 시라는 말꽃으로 피어난 것입니다.

시편(詩篇)과 시경(詩經)

시편은 시로 읽어야 합니다. 시편은 이야기나 산문이 아닙니다. 시편의 시를 굳이 산문과 구별하지 말고 산문 같은 시나, 시 같은 산문으로 보자고 제안하기도 합니다. 하지만 시편은, 어디까지나 시입니다. 시편은 시로 읽어야 합니다.

"시편"이란 시로 된 책이라는 뜻입니다. "시경"이란 시로 된 경전이라는 뜻입니다. 시경은 흔히 동양고전의 입문으로 일컬어집니다. 시경의 바탕은 사람들이 부르던 노래입니다. 노래였지만 세상사의 진실을 시로 담았습니다. 그래서 가시(歌詩)라고도 불렀습니다. 시(辭)와 노래(調)와 춤(舞)이 어우러진 악가(樂歌)였는데 세월이 지나면서 악곡(樂曲)은 없어지고 가사(歌詞)만 남았다는 것입니다.[1)] 시편도 이와 비슷합니다. 오랫동안 입말로 불렀지만 지금 남아 있는 것은 가사뿐입니다. 그러나 격이 다릅니다. 시편에는 하나님께 드리는 말씀이 담겨 있습니다. 시편도 경전입니다. 신앙공동체의 신앙과 삶을 이끄는 이정표입니다. 그러나 기독교 신앙에서 경전은 성경 한 권이기에 구약의 시편은 이 경전 속에서 시로 쓰인 말씀의 세계를 펼치고 있습니다.

시에는 저마다 제바탕멋이 있습니다. 일정한 가락이 있고, 시다운 꼴, 표현, 느낌이 있습니다. 히브리어 원문에서 시편은 운문(韻文)입니다. 운율의 강약에 따른 한 단위를 구(colon)라고 한다면, 구가 모여서 행(line)을 이루고 행이 연결되어 구(verse)를 이루는 방식입니다. 그러나 우리말 성경에서 시편은 시이기보다는 산문입니다. 예를 들어 우리 귀에 친숙한 시편 23편을 읽어볼까요?

> [1] 여호와는 나의 목자시니 내게 부족함이 없으리로다 [2] 그가 나를 푸
> 른 풀밭에 누이시며 쉴 만한 물 가로 인도하시는도다 [3] 내 영혼을 소
> 생시키시고 자기 이름을 위하여 의의 길로 인도하시는도다 [4] 내가 사
> 망의 음침한 골짜기로 다닐지라도 해를 두려워하지 않을 것은 주께
> 서 나와 함께 하심이라 주의 지팡이와 막대기가 나를 안위하시나이
> 다 [5] 주께서 내 원수의 목전에서 내게 상을 차려 주시고 기름을 내 머
> 리에 부으셨으니 내 잔이 넘치나이다 [6] 내 평생에 선하심과 인자하심
> 이 반드시 나를 따르리니 내가 여호와의 집에 영원히 살리로다(시
> 23편, 개역개정).

시편 23편의 첫 줄은 하나님을 목자로 노래하는 은유로 충만합니다. 은유(metaphor)란 "초월하다"라는 "메타"(*meta*)와 "운반하다"라는 "프레인"(*phrein*)이 합쳐져서 생긴 말입니다. 보이지 않고 들리지 않던 것을 보게 하는 언어가 은유입니다. 시편 23편은 그 첫 구절

부터 눈에 보이지 않던 하나님을 눈에 보이는 목자로 그리고 있습니다. 하나님이라는 "사실"을 목자라는 "느낌"으로 풀어가고 있습니다. 게다가 그 첫 소절 "주, 나의 목자"(아도나이 로이, יהוה רעי)는 명사 문장입니다. 이 첫 소절이 주제가 되고 소재가 되어 시의 마지막까지 여러 번 다르게 표현됩니다.[2)] 그런 짜임새 속에 시인과 하나님의 관계가 시적인 운율을 타고 소개되고 있습니다.

그러나 개역개정판 번역으로는 시의 맛을 충분히 느낄 수가 없습니다. 시를 산문처럼 펼쳐놓았기 때문입니다. 아니, 산문으로 읽도록 번역해 놓았기 때문입니다. 이 말을 오해하지 마십시오. 개역개정판의 시편 23편을 시로 읽을 수 없다는 소리가 아닙니다. 개역의 글말에서도 시의 분위기를 당연히(!) 느낄 수가 있습니다. 하지만 거기에는 연(聯), 행도 없고, 쉼표, 마침표도 없습니다. 그러다 보니 박자, 음정, 운율을 따지기가 쉽지 않습니다. 이런 아쉬움을 새번역 성경이 조금은(?) 덜어줍니다. 번역의 차이를 말하자는 것이 아닙니다. 말투의 다름을 논하자는 것도 아닙니다. 어떤 글의 리듬이 시에 더 가까운지를 지적할 따름입니다.

> 1 주님은 나의 목자시니, 내게 부족함 없어라. 2 나를 푸른 풀밭에 누
> 이시며, 쉴 만한 물 가로 인도하신다. 3 나에게 다시 새 힘을 주시고,
> 당신의 이름을 위하여 바른 길로 나를 인도하신다.
> 4 내가 비록 죽음의 그늘 골짜기로 다닐지라도, 주님께서 나와 함께
> 계시고, 주님의 막대기와 지팡이로 나를 보살펴 주시니, 내게는 두

려움이 없습니다. 5 주님께서는, 내 원수들이 보는 앞에서 내게 잔칫
상을 차려 주시고, 내 머리에 기름을 부으시어 나를 귀한 손님으로
맞아 주시니, 내 잔이 넘칩니다. 6 진실로 주님의 선하심과 인자하심
이 내가 사는 날 동안 나를 따르리니, 나는 주님의 집으로 돌아가 영
원히 그곳에서 살겠습니다.(시 23편)

시편 23편을 새번역으로 읽으면 훨씬 시 맛이 살아납니다. 끊어 읽기(쉼표)도 있고, 문단도 나누어 놓았습니다. 시다운 음정과 운(韻)을 붙들기가 쉽습니다. 그러나 여기에도 아쉬움이 있습니다. 모든 은유가 곧장 시가 될 수 없듯이 새번역이 푼 시편 23편도 고스란히 시적(詩的)으로 생동하는 것은 아닙니다. 다음 사역이 이 같은 우리 사색에 도움을 줍니다.

1 다윗의 노래
아훼님은 나의 목자
아쉬울 것 없으니, 하나 없으니–

2–3 푸르른 초원에서 뒹굴게 하시고
잔잔한 시내가로 데리고 가시어
정신 들게 하시니
님의 이름에 걸맞게 바른 길로 이끌어 주시니–

4 깜깜한 골짜기 걷는다 해도
나는 무서워하지 않으리니
나 분명히 알고 있는 것
님이 바로 내 곁에 계신다는 것

5 님의 막대기 그리고 지팡이는
내게 위안이 되오니-

6 원수가 보고 있는데
님은 잔치상을 차려주시니
머리에 기름을 부어주시니
그저 흡족할 따름입니다.

7 아,
내 목숨 붙어 있는 내내
그저 제게 잘 해주시는군요.

8 내내
저는 야훼님의 집에서 살으렵니다(이환진 역).[3)]

어떤가요? 시편 23편이 시로 읽히지요? 위에 인용한 시편 23편의 사역은 시편을 시로 읽어야 하는 까닭이 무엇인지를 시원스레 드러내고 있습니다. 참 다행스럽게도, 히브리어 원문 2-3절에 반영되어 있는 압운이 우리말로도 살아나고 있습니다. 히브리어 원문이 1인칭 접미어 "니"(נִי)로 시의 리듬을 이끌어가고 있는데, 그것을 "니"로 끝나는 우리말 어휘로 살려내는 번역자의 재치가 돋보입니다. 원래 6절로 되어 있는 시 본문을 8절로 펼쳐놓는 과감한(?) 시도가 아쉽기는 하지만, 그럼에도 그가 옮겨 놓은 시편 23편은 시편을 시로 대하게 하는 창구 역할을 합니다.

시를 가리켜 "말꽃"이라고 합니다. 입에서 나오는 말이 글이 되었다고 해서 곧장 시가 되는 것은 아닙니다. 말이 꽃이 될 때 비로소 시가 들어설 채비를 합니다. 꽃은 향기를 줍니다. 꽃에는 빛깔이 있습니다. 꽃은 철마다 소리를 냅니다. 시가 "말꽃"이라면, 시에도 향기가 있고, 빛깔이 있습니다. 기쁠 때와 슬플 때, 고마울 때와 안타까울 때 내는 소리가 있습니다. 시를 읽을 때 글의 빛깔을 살펴야 하고, 글의 향기를 맡아야 하며, 글의 소리에 귀를 기울여야 하는 이유가 여기에 있습니다. 요즈음 시만 그렇게 읽어야 한다는 소리가 아닙니다. 구약성경의 시편도 그런 식으로 읽어야 한다는 소리입니다.

시편은 시입니다. 시로 읽어야 합니다. 시답게 읽어야 합니다. 시편의 신학을 거론하기 전에 시편의 시학을, 미학을 먼저 음미해야 합니다. 신학에서 "ㄴ" 받침만 빼면 시학이 되지 않습니까? 신학적으로 분석하는 힘만 빼면 시편은 우리에게 시로 다가옵니다! 시가 신학과 다른 점이 무엇일까요? 시가 논설과 다른 점이 무엇일까요?

오래전 루이스(C. S. Lewis)가 지적하였듯이 시의 독법에서 요구되는 것은 논리적 연관성보다는 정서적 연관성입니다.[4] 시를 대하는 자들은 누구나 시작(詩作)을 논리적으로 따지기보다는 시의 글말로 피어난 시인의 마음을 헤아릴 수 있어야 합니다. 시를 읽는다면, 우선 시를 느껴야 합니다. 음미해야 합니다. 눈으로 보는 것보다도, 눈으로 보고 따지는 것보다도, 귀를 들으며 느끼고 가슴에 담아야 합니다. 그것이 시를 음미하는 기본기입니다.

시편의 울림, 하나님의 시

전통적으로 시편은 여러 시각에서 분석되고 해석되었습니다. 유형의 측면에서 구분되기도 하고, 제의의 관점에서 살피기도 하며, 편집의 시각에서 따지기도 하였습니다. 시문학의 세계를 "성서학적으로" 구분하고 따진 학자들은 이루 다 헤아릴 수 없을 만큼 많습니다.

어떻게 따지든 시편의 바탕은 기도와 찬양입니다. 시편에 여러 형식의 시들이 있지만, 고백, 감사, 교훈, 청원 등 여러 내용이 담겨 있지만, 그 본디는 기도와 찬양입니다.[5] 기도는 다른 말로는 탄원입니다. 기도를 탄원으로 바꿔 부를 경우 시편의 주된 형식은 탄원과 기도로 정리됩니다. 탄원은 기도입니다. 하나님께 드리는 청원입니다. 경우에 따라서는 탄원이나 찬양 외에도 감사를 꼽기도 합니다. 그래서 탄원시, 찬양시, 감사시 등을 시편의 주요 형식으로 꼽기도 하였습니다. 하지만, 감사의 바탕은 찬양입니다. 감사의 또 다른 표현이 찬양입니다. 그러기에 감사는 찬양에 속한다고 볼 수 있습니다.

감사만 찬양에 속하는 것은 아닙니다. 찬양에 속하기는 탄원이나 기도도 마찬가지입니다. 시편에서 기도나 탄원은 반드시 찬양으로 마칩니다. 아무리 탄식하고 절규하다가도 시의 끝마무리는 반드시 찬양으로 맺게 됩니다. 최후의 승리를 확신하기 때문입니다. 승리는 하나님으로부터 오기 때문입니다. 결국, 시편은 그 처음과 끝을 찬양으로 모아놓았습니다. 기도이든 탄원이든, 감사이든 고백이든, 시편의 시들은 결국 찬양으로 모아집니다. 시편에 150개의 시가 있지만, 그것들을 통틀어 찬양이라고 부르는 까닭이 여기에 있습니다. 구약의 시편을 히브리어로 테힐림(תהלים), 곧 찬양집이라고 부르는 이유가 여기에 있습니다. 히브리어성경에서 시편의 명칭은 기도문(테필롯, תפלות)이 아니라 찬양집(테힐림)인 것을 기억하셔야 합니다. 기도는 늘, 항상, 언제나 찬양으로 끝마쳐야 한다는 것입니다.

주님,
언제까지 나를
잊으시렵니까?
영원히 잊으시렵니까?

언제까지 나를
외면하시렵니까?
언제까지
나의 영혼이 아픔을 견디어야 합니까?
언제까지
고통을 받으며 괴로워하여야 합니까?
언제까지
내 앞에서 의기양양한 원수의 꼴을
보고만 있어야 합니까?

나를 굽어살펴 주십시오. 나에게 응답하여 주십시오.
주, 나의 하나님,
내가 죽음의 잠에 빠지지 않게 나의 눈을 뜨게 하여 주십시오.

나의 원수가
내가 그를 이겼다
하고 말할까 두렵습니다.
내가 흔들릴 때에,
나의 대적들이 기뻐할까 두렵습니다.

그러나 나는
주님의 한결같은 사랑을 의지합니다.

주님께서 구원하여 주실 그때에,
나의 마음은 기쁨에 넘칠 것입니다.

주님께서 나를 너그럽게 대하여 주셔서,
내가 주님께 찬송을 드리겠습니다(시 13편).

기도의 들머리는 탄원이었지만, 기도의 마무리는 찬송입니다. "주님께서 나를 너그럽게 대하여 주셔서/ 내가 주님께 찬송을 드리겠습니다"(시 13:6)라고 환호성을 지르지 않습니까! 그렇습니다. 시편의 기도들은 모두 찬양으로 수렴되었습니다. 시편의 영어 제목도 이 사실을 드러냅니다. 헬라어 역 구약성서는 시편(테힐림)을 프살모스(*Psalmos*), 또는 프살모이(*Psalmoi*)라고 불렀습니다. 거기에서 라틴어 프살모룸(*Liber Psalmorum*)을 거쳐 Psalm이라는 영어 제목이 나왔습니다. 프살모스는 시편을 음악과 연관 지어 부른 명칭입니다. 현악기에 맞춰 부른 노래라는 뜻입니다. 시에는 운율이 있습니다. 시에 음정이 붙으면 노래가 됩니다. 처음 그리스도인들은 테힐림을 시편이라고 불렀습니다(눅 20:42, 24:44; 행 1:20, 13:33). "시와 찬미와 신령한 노래"라고 불렀습니다(엡 5:19). 앞에서 예로 든 시편 23편의 경우에는, 더욱 구체적으로 "다윗의 노래"(미즈모르 레다비드, מזמור לדוד)라는 소제목을 달고 있습니다. 시편의 시는 오랫동안 신앙인의 찬양이었습니다. 마음속 깊은 곳에서 샘솟는 기쁨과 가락으로 하나님의 성품을 찬양하였습니다. 하나님이 하신 일을 찬양하였습니다. 하나님이 이루신 일을 찬양하였습니다.

그런데 찬양이었던 시편의 위상이 시간이 흐르면서 크게 달라졌습니다. 노래(찬양)였다고 하지만, 오늘에 와서는 그 노래가 어떻게 불렸는지 전혀 알 수 없습니다. 악보 없이 노랫말만 전해져 내려온 셈입니다. 가끔 어떤 시편에는 이런저런 악기에 따라 불렀다는 편집상의 도움말이 첨부되기도 하지만, 그렇다고 해서, 악보까지 소개하는 것은 아닙니다. 그러기에 엄밀히 말해 오늘 우리에게 주어진 시편(테힐림)은 노래(찬양)가 아닙니다.

현재 우리가 읽는 시편은 기도서(테필롯)입니다. 시편을 노래로 보는 시각이 틀렸다는 것이 아닙니다. 현재 시편 본문이 노래이기보다는 시로 주어져 있다는 소리입니다. 한 때는 입으로 소리 내어 운율에 맞춰 부르는 노래이었지만, 지금에 와서는 읽으며 되새기는 글말이 되었다는 것입니다. 그러다 보니 오늘날 시편은 기도문 역할을 하기에 적당합니다. 시편을 노래가 아니라 시로 읽어야 하는 까닭이 여기에 드러납니다. 오늘날 시편은 귀글이기보다는 줄글입니다. 귀로 듣는 말씀이기보다는 눈으로 보는 글입니다. 찬양집이기보다는 시집으로 갈무리해 놓았다는 것입니다. 시편을 시로 읽으려는 이유가 여기에 있습니다.

시편은 시입니다. "하나님의 시"(Theopoetry)입니다.[6] "Theopoetry"를 그냥 "신의 시"라고 번역하기도 하지만, 신의 시보다는 아무래도 하나님의 시라는 표현이 우리 마음에 더 와 닿습니다. 하나님의 시란 말은 시편이 하나님의 영감으로 기록된 시이면서 동시에 하나님께 드리는 시라는 이중의미를 지닌다고 보아야 합니다.

시란 한자어는 절(寺)의 말(言)을 뜻합니다. 이때 절이란 표현을 굳이 산속의 사찰로 국한시킬 필요는 없습니다. 여기에서 사(寺)는 거룩한 곳을 통칭하는 말로 보아야 합니다. 성소라는 뜻입니다. 거룩하신 분을 가리킨다는 것입니다. 주님을 지칭한다는 것입니다. 그러니까 시는 거룩한 곳에서, 거룩한 분으로부터 길어 올린 말이 됩니다. 구약의 시편에 담긴 시를 하나님을 향한 시로 보자는 것입니다. 하나님에 의한 시로 보자는 것입니다. 하나님이 쓰신 시로 보자는 것입니다.

시는 내 마음의 빈 칸을 채워주는 거룩한 울림입니다. 사도 바울이 우리 몸은 주님의 영이 계시는 성전이라고 주창하지 않았습니까! 내 안에 성령이 계실 때 시어가 살아 움직입니다. 시는, 마이스터 에크하르트(Meister Eckart)의 용어로 표현하자면, "하나님 안에 둥지를 트는 사람"만이 채울 수 있는 문향(文香)입니다. 시편의 글말은, 시편의 말글은, 일상의 불순물을 걸러내고 하나님의 사람으로 빚어진 시인이 고백하는 소리라는 것입니다. 그렇습니다. 시는 그릇입니다. 하나님의 은총을 담는 그릇입니다. 그 내면에 그리스도의 향기를 담아 놓은 그릇입니다.

주여, 우리에게 기도를 가르쳐 주소서

시편에는 모두 150개의 시가 있습니다. 150개의 시를 수록해 놓은 시집이 시편입니다. 이 시를 기록한 당사자는 모두 특정 시공간을 살았던 신앙위인들입니다. 그런데 어떻게 이런 시들이 하나님의 시로 불릴 수 있을까요?

시편은 하나님께 드리는 기도, 찬양 등으로 채워져 있습니다. 하나님을 향한 감사, 고백, 청원 등으로 채워져 있습니다. 하나님을 위한 교훈, 지혜, 가르침 등으로 채워져 있습니다. 여기에서 지적해야 할 단어가 "하나님께", "하나님을 향한", "하나님을 위한"이란 말입니다. 이것을 "하나님으로부터" 온 말과 혼동해서는 안 됩니다. 무슨 소리입니까? 시편의 시는 하나님께 드리는 우리 목소리로 이루어져 있다는 것입니다. 시편은 하나님이 주신 말씀이 아닙니다. 하나님에 관한 우리의 묵상입니다. 아무리 거기에 "다윗의 노래"나 "고라 자손의 기도"라는 소제목이 첨부되어 있다고 하더라도, 시편은 사람의 입에서 나온 소리로 이루어져 있습니다.

생각해 보십시오. 시편에 "여호와께서 가라사대"라는 문구가 나옵니까? 시편에는 '하나님이 말씀하셨다'라는 어구가 전혀 없습니다. 시편은 처음부터 마지막까지 시인의 입말로 채워져 있습니다. 시편은 하나님이 우리에게 주시는 말씀이라기보다는 우리가 하나님께 드리는 말입니다. 그런데 어떻게 해서 시편이 하나님의 말씀으로 읽힐 수가 있었을까요? 하나님께 드린 사람들의 기도가 어떻게 해서 하나님이 우리에게 주신 말씀이 될 수 있었을까요?

신앙공동체는 오래전부터 이 화두(話頭)를 붙들고 묵상하였습니다. 신앙은 깨달음입니다. 시인에게 물은 적이 있습니다. “어떻게 시를 쓰십니까?” 그가 이렇게 대답하였습니다. “시는 쓰는 것이 아니라 얻는 것입니다!” 그렇습니다. 아무리 하나님에 관한 묵상이라고 하더라도, 그 묵상은 시인이 임의로 터득한 것이 아닙니다. 그렇게 묵상하도록 하나님이 인도하신 것입니다. 하나님이 이스라엘을 대화의 상대로 선택하신 것이지, 이스라엘이 하나님을 대화의 파트너로 끌어들인 것이 아닙니다. 그러기에 시편은 우리를 향한 말씀이라기보다는 우리를 위한 말씀으로 들어야 합니다. 제2차 세계대전 당시 독일의 나치 정권에 저항했던 신학자 디트리히 본회퍼(Dietrich Bonhoeffer)가 남긴 『시편 이해』가 “주여, 우리에게 기도를 가르쳐 주옵소서!”로 시작하는 것은 우연이 아닙니다.[7] 본회퍼는 우리들에게 시편으로 기도하는 그리스도인이 될 것을 권고하고 있습니다.

그러기 위해서 우리는 기도하는 법을 ‘배워야’ 합니다. 어린아이는 아버지가 건네는 말을 통해 말하는 법을 배웁니다. 즉, 아버지의 언어를 배우는 것입니다. 이처럼 우리도 하나님께 말하는 법을 배워야 합니다. 왜냐하면, 하나님께서 우리에게 말씀하시고, 말을 건네기 때문입니다. 하나님의 자녀는 하늘에 계신 아버지의 언어로 그분과 대화하는 법을 배웁니다. 우리의 기도는 하나님의 언어를 따라 말하면서 시작됩니다. 우리의 거짓된 마음과 혼란스런 언어가 아닌, 하나님이 예수 그리스도를 통해 우리에게 말씀하신 분명하고도 깨끗한 언어로 말해야 합니다. 그러면 하나님은 우리의 기도에 귀 기울여 주실 것입니다.[8)]

시편에는 "너희는 이렇게 기도하라"는 권고가 은밀히 새겨져 있다고 보아야 합니다. 학자들 가운데는 시편을 하나님께 응답하는 본문으로 보기도 합니다. 시편의 탄원이나 찬양은 하나님의 위대하신 구원행위(*magnalia Dei*)에 대한 응답의 성격을 지니고 있다는 것입니다.[9)] 그럴 수 있습니다. 그렇지만 저는 그것보다는 시편에서 우리에게 기도를 가르쳐 주신 하나님의 손길을 더 느낍니다. 우리에게 찬양과 고백을 가르쳐 주신 하나님의 은총을 더 느낍니다. 이런 점에서 시편은 주기도문(마 6:9–13)에 버금가는 가르침이 됩니다. 시편의 시를 따라 기도할 때 우리 입술에 들린 말들은 저절로 하나님을 기쁘시게 하는 기도가 된다는 것입니다.

시편은 우리 실존을 반영하는 거울입니다. 우리 영혼의 현주소를 적나라하게 드러내는 창문입니다. 하나님의 사람이 겪는 삶을 고스란히 보여주는 청사진입니다. 왜 시편은 우리에게 "너희는 이렇게 기도하라"고 주문하고 있습니까? 이 땅의 문제를 헤쳐 가게 하기 위해서입니다. 땅은 하늘과는 달리 아주 소란스럽습니다. 그래서 기도해야 합니다. 뜻이 하늘에서 이루어진 것 같이 땅에서도 이루어지게 해달라고.

시편의 기도로 우리는 하나님과 만나게 됩니다. 시편에서 말하는 사람은 "나"와 "우리"입니다. 시편의 전면에 부각되는 이 "나"와 "우리"에 대해서는 이런저런 논란이 있습니다. 학자들 사이에서는 "나", "우리"라는 용어가 어떤 개인을 가리키는지, 어떤 공동체를 대표하는지에 대해서도 이런저런 토론이 있습니다. 그러나 "나"와 "우리"의 구별은 시편 사색에서 그리 중요한 문제가 못 됩니다. 시편의 "나"는 하나님 앞에서 기도하는 한 사람이면서 동시에 하나님의 백성인 "우리"입니다.[10] 시편의 기도를 특정한 사람의 청원이라고만 단정해서는 안 됩니다. 시편의 기도를 따라 간구할 때 시인이 당면한 문제는 우리 모두의 문제가 됩니다. 시인이 헤쳐나가려는 정황은 우리 모두의 실존이 됩니다. 시인이 고백하는 삶은 우리 모두의 삶이 됩니다. 시편을 따라서 기도해 보십시오. 한 개인으로서의 자신은 어디론가 사라지고 맙니다. 시편에서 부각되는 시인은 특정한 개인이 아닙니다. 시편에서 "나"나 "우리"는 하나님과 마주 보고 있는 인간을 대표하고 있습니다.

시편에는 시인과 하나님이 나누는 인격적인 관계가 고스란히 배여 있습니다. 하나님을 결코 "그분"이라고 부르지 않습니다. 시편에서 하나님은 항상 "당신"입니다. 내 앞에 계신 "님"입니다. 우리말 번역에서 "주 하나님"으로 번역되는 "야훼 하나님"은 시인에게 늘 "나의 주 나의 하나님", "우리 주 우리 하나님"입니다.

그런데 어려운 문제가 하나 있습니다. 신앙의 여정을 걷다 보면, 함께하시는 하나님을 느낄 때도 있지만, 그렇지 않다고 느낄 때도 있다는 사실입니다. 하나님의 임재를 확신할 때도 있지만, 하나님의 부재(不在)를 토로할 때도 있습니다. 하나님의 은총 안에서 살지만 기쁠 때가 있고 슬플 때가 있습니다. 붕 뜰 때가 있고 털썩 가라앉을 때가 있습니다. 왜 그렇습니까? 삶이 수월치 않기 때문입니다. 악한 자들이 둘러싸고 있기 때문입니다. 바로 이런 생존현장에서 탄식에서 구원에 이르는 길을 찾아가려는 시인의 기도에 시편의 영성이 자리 잡게 됩니다.[11)]

시편의 경건에는 두 축이 있습니다. 하나님이 함께하신다고 느낄 때 터져 나오는 감격과 환희가 그 경건의 한 축이라면, 하나님이 숨어 계신다고 느낄 때 토로하는 안타까움과 탄식은 그 경건의 또 다른 축이 됩니다. 그 하나가 찬양이고 그 다른 하나가 탄원입니다. 시편의 시를 읽으면서 공유하는 가슴 졸이는 안타까움은 하나님의 은총으로부터 저만치 소외되어 있다고 느끼는 시인의 감정과 닿아 있습니다. 시편의 시를 낭송하면서 누리는 가슴 벅찬 감격은 하나님의 은총을 찬양하는 시인의 마음과 닿아 있습니다. 시편에는 이처럼 탄원과 찬양이 엇갈리고 있습니다. 단조와 장조가 엇갈리고 있습니다. 어둠과 밝음이 엇갈리고 있습니다.

나의 하나님, 나의 하나님,
어찌하여 나를 버리십니까?
어찌하여 그리 멀리 계셔서,
살려 달라고 울부짖는 나의 간구를

듣지 아니하십니까?
나의 하나님,
온종일 불러도 대답하지 않으시고,
밤새도록 부르짖어도 모르는 체하십니다.

그러나
주님은 거룩하신 분,
이스라엘의 찬양을 받으실 분이십니다.
우리 조상이 주님을 믿었습니다.
그들은 믿었고,
주님께서는 그들을 구해 주셨습니다.
주님께 부르짖었으므로,
그들은 구원을 받았습니다.
주님을 믿었으므로,
그들은 수치를 당하지 않았습니다 … (시 22:1-5).

흙에서 피어난 섬세한 꽃처럼

성경책 66권 가운데 기도문으로만 이루어진 책은 시편이 유일합니다. 시편은 우리에게 기도하는 법을 가르쳐 줍니다. 하나님이 원하시는 기도가 무엇인지를 보여줍니다. 예수님도 십자가 위에서 시편으로 기도하셨습니다. 시편의 기도는 시로 이루어져 있습니다. 그냥 입에서 튀어나오는 말을 글로 옮겨놓은 책이 아닙니다. 말을 시로 표현하려는 열정이 거기에 숨어 있습니다. 글이 기도가 되게 하려는 열망이 거기에 담겨 있습니다. 시는 정녕 말로 된 꽃입니다. 어떻게 해야 이런 말꽃을 제대로 음미할 수 있습니까?

시의 향기를 음미하기 위해서는 시의 문향(文香)에 주목해야 합니다. 꽃을 보면서 빛깔과 향기를 맡듯이 시편의 시에서도 히브리적인 기교, 운율, 리듬, 문체 등을 감상할 수 있습니다. 그런데 그 문향이 문형(文型)과 무관하지 않습니다. 시편 나름의 두드러진 형식을 감상하다 보면 시편의 향기에 젖게 된다는 것입니다. 시 맛의 깊이와 넓이는 시문의 형식과 무관하지 않다는 것입니다.

시의 형식과 기교는 시의 세계를 들여다보게 하는 창문입니다. 보이지 않던 것을 보이게 하는 장치입니다. 들리지 않던 것을 들리게 하는 수단입니다. 시의 은유와 직유, 대구와 평행법 등은 모두 보이지 않던 것을 보게 하고, 들리지 않던 것을 들리게 하는 시적인 수단입니다. 가령 이런 은유가 있습니다.

해와 방패이시다,
주 하나님은.

은혜와 영예를,
주님이 내려주신다.

복을 아끼지 않으신다,

온전히 걷는 이들에게(시 84:11, 사역).

하나님을 해(쉐메쉬, שֶׁמֶשׁ)와 견주고 있습니다. 해가 빛과 생명의 근원이듯이 하나님을 생명과 빛의 근원이라고 고백합니다. 그런데 또 하나님을 방패(마겐, מגן)라고도 합니다. 전쟁터에서 목숨을 지켜주는 도구가 방패입니다. 하나님은 생명을 주시기도 하고 생명을 지켜주시기도 합니다. 이런 식의 은유를 통해 시인은 눈에 보이지 않는 하나님을 우리 눈에 보이게끔 제시합니다. 이런 까닭에 시인의 하나님은 어렵지 않게 우리 앞에 서 계시게 됩니다.

이런 대조도 있습니다. 명암을 대조하듯 지혜로운 사람과 악한 사람을 대조하는 것입니다.

주님을 멀리하는 사람은
망할 것입니다.
주님 앞에서 정절을 버리는 사람은,
주님께서 멸하실 것입니다.

하나님께 가까이 있는 것이
나에게 복이니,
내가 주 하나님을 나의 피난처로 삼고,
주님께서 이루신 모든 일들을 전파하렵니다(시 73:27-28).

주님을 멀리하는 사람과 주님을 가까이하는 사람 사이에 어떤 대조가 있습니까? 패망과 성공의 대조가 있습니다! 흑백을 대조하는 이런 식의 기교가 시편에는 많이 나옵니다. 우리말로는 드러나지 않지만 압운, 각운, 두운 같은 운율(韻律)들도 눈에 띕니다.[12] 비슷한 음을 가진 말들을 이어가는 방식도 자주 사용됩니다.

별들의 수효를 헤아리시고,
그 하나하나에 이름을 붙여 주신다.

우리 주님은 위대하시며
능력이 많으시니,
그의 슬기는
헤아릴 수 없다(시 147:4-5).

시편 147:4-5의 경우, 첫 마디는 "별들의 수효"이고 끝 마디는 "헤아릴 수 없다"입니다. 이 두 단어 사이에는 의미상의 연결이 있습니다. 게다가 "별들의 수효"(미스파르, מספר)와 "헤아릴 수 없다"(미스파르, מספר)는 말은 히브리어에서는 같은 단어(미스파르)입니다. 히브리어 "미스파르"가 그 안에 하나님의 전능하심을 수록해 둔 틀(frame) 역할을 하고 있습니다.

무엇보다도 두드러지는 것은 대구법(parallelism)입니다. 대구법이란, 앞에서도 거론했듯이, 같은 것을 다르게 표현하는 기법입니다. 평행법이라고도 부릅니다. 대구(對句)란 두 행으로 이루어진 한 절 속에 일정한 글말들이 반복되는 방식입니다. 한 구절 속에서 그 전반부와 후반부가 반복, 대조, 보충, 종합, 강화되는 형식으로 상호 보완을 이룬다는 것입니다.

얼마나 좋은가
우리 하나님께 찬양함이.
얼마나 아름답고 즐거운가,
하나님을 찬송함이! (시 147:1, 사역)

예컨대 한 소절의 전반부가 변주를 통해 후반부에서 되울리고 있습니다. 하나님께 찬양함이 전반부에서는 "얼마나 좋은가"로, 후반부에서는 "얼마나 아름답고 즐거운가"로. 히브리 시에 담긴 문예적 기교들을 우리말 번역에서 살리기는 어렵습니다. 그러나 히브리 시의 대구는 번역해 놓아도 사라지지 않습니다. 아니, 사라지지 않게 해야 합니다. 아무리 번역은 반역이라고 해도, 히브리 시가 이루는 대구 형식은 번역에서도 고스란히 살려야 합니다.

따지고 보면 대구는 시문에서만 있는 것은 아닙니다. 구약과 신약의 모든 말씀에서 고루 발견됩니다. 모세의 토라에서도, 예수님의 가르침에서도 대구는 쉽게 드러납니다. 같은 뜻의 말을 비슷한 단어로 반복한다는 것은 진리를 마음에 고이 간직하게 하려는 장치라고 말할 수 있습니다. 대구를 단순히 말하기 형식이라기보다는 말씀을 새기게 하려는 리듬으로 수렴해야 할 까닭이 여기에 있습니다. 대구법이라는 용어는 우리 귀에 생소하지만, 따지고 보면, 모든 예술에서 대구법은 그리 낯설지 않습니다. 무엇보다도 음악이 그러합니다. 클래식이든, 대중음악이든, 노래는 같은 모티프를 다른 식으로 반복하는 데 매우 익숙합니다.

시편을 시로 읽는다는 것은 시의 이런 문예적 기법에 주목하면서 시의 리듬을 따라간다는 뜻이 됩니다. 시의 문예적 형식은 독자의 호흡과 맞물려서 시편 독법에 영감을 제공합니다. 시를 "말꽃"이라고 했습니다. 꽃은 흙에서 피어납니다. 흙 속에 묻힌 가느다란 줄기에서 빛깔과 향기를 지닌 꽃이 피어난다는 것은 일대 사건입니다. 우리가 두 발 디디고 서 있는 삶의 자리는 척박한 흙과도 같습니다. 흙을 뜻하는 영어 단어 "dirt"가 형용사 "dirty"가 되면 더럽다는 뜻이 되는 것은 결코 우연이 아닙니다. 삶의 자리가 조금만 제 곳을 벗어나도 더러워지고 마는 현실에서 시라는 말꽃이 피어난다는 것입니다. 아무리 힘든 삶의 자리에서도 빛깔과 향을 지닌 꽃을 피워내야 합니다. 시편의 시는 그런 꽃의 전형(典型)입니다.

이제는 우리 기도가 시가 되어야 합니다. 우리의 간구가 시가 되어야 합니다. 시편의 시로 기도해야 합니다. 우리의 간구에 향기가 있고, 빛깔이 있고, 감동이 있어야 합니다. 그럴 때 우리 기도는 일대 사건이 될 것입니다. 기억하십시오, 하나님은 우리의 기도가 달라지기를 원하십니다. 우리의 기도에 시어(詩語)의 섬세함이 담기기를 원하십니다. 우리 탄원에 시문의 간절함이 채워지기를 원하십니다. 우리 찬양에 시어의 진실함이 새겨지기를 원하십니다. 가난한 마음이지만, 입술에 들린 말(기도)에 말씀의 부요함이 채워지기를 원하십니다.

시편 시를 읽는 독법(讀法)

시편은 시집입니다. 본래는 찬양이었지만, 지금은 기도서입니다. 전해져 내려오면서 멜로디가 사라진 것입니다. 악보 없이 가사만 전해진 셈입니다. 예전에는 입으로 부르던 노래였지만, 지금은 눈으로 읽는 책이 되었습니다. 유진 피터슨(Eugene H. Peterson)도 그렇게 말한 적이 있습니다. 시편은 기도요, 기도의 도구라고. 악보가 남아 있다면 어떻게 불러야 할지를 배워야 하겠지요. 그러나 지금 우리는 시편에서 노래보다는 무엇을 기도할까, 어떻게 기도할까를 배우게 됩니다.

시편의 기도는 하늘과 땅을 이어주는 사다리입니다. 시편의 기도가 하늘과 땅을 연결하는 사다리라면, 시편의 글말은 그 층계에 해당됩니다. 시편은 길입니다. 도(道)입니다. 하늘 향해 걸어가는 길입니다. 하나님을 찾아 나서는 길입니다. 이 도를 가리켜 토라

(תורה)라고 합니다. 토라란 지시란 뜻입니다. 길을 나서는 자는 누구나 주어진 길을 따라 걸어가야 합니다. 길을 따라서 걷지 않는다면 머지않아 난감한 처지에 빠지고 맙니다. 토라는 지키지 않으면 안 되는 가르침입니다. 그러기에 토라라는 말에 율법이라는 뜻이 새겨지게 되었습니다.

시편은 우리를 하늘로 가는 길로 안내합니다. 하나님에게로 가는 길로 인도합니다. 그런데 시편의 토라를 따라 길을 떠나기 전에 먼저 확인해야 할 사실이 있습니다. 바로 누가, 언제 이런 시편의 시들을 썼을까 하는 질문입니다. 시인이 누구인지를 확인하는 질문입니다.

표제어, 시편 시를 읽는 창

시집을 구입해 본 분들은 누구나 경험하셨을 것입니다. 시집을 살 때 누구의 시인지부터 살피는 것이 상례입니다. 누가 썼지? 누구의 시지? 하는 마음을 맨 먼저 품게 됩니다. 마찬가지입니다. 시편의 시를 대하면서 누가 이 시들을 썼지? 하는 질문을 하는 것은 자연스러운 현상입니다. 시편의 표제어는 이런 궁금증과 연계하여 살펴보게 되는 이정표입니다.

현재 시편의 시 안에는 이런저런 설명을 담은 표제들이 그 서두에 묶음표 형태로 붙어 있습니다. 150개 시 가운데 116개의 시에 그런 표제가 붙어 있습니다.[1)] 시에 따라 다르기는 합니다만, 대체로 거기에는 그 시의 저자가 누구인지, 아니면 어떤 상황을 시의 배경으로 삼는지, 그도 아니면 그 시의 음악적 성격은 어떤 것인지 등에 대한 해설이 담겨 있습니다. 이런 표제가 언제부터 시편의 시들에 수록되었는지는 학자들 사이에 논란이 있습니다. 시편의 시 모두에 그런 표제가 다 붙어 있지 않는 것으로 보아서 비평적인 학자들은 그것을 대체로 부차적인 첨가로 봅니다. 하지만 고대 헬라어 역본이나 쿰란 시편에 이런 표제들이 나오는 것으로 보아서 그것을 상당히 옛적부터 있었던 것으로 보아야 한다고 말하기도 합니다.[2)] 중요한 것은 이 표제가 시편에 대한 해석학적 시야를 제공하면서 시편을 보는 "창"을 열어준다는 사실입니다.[3)]

시편의 표제에서 두드러지는 것은 "다윗의 시"(미즈모르 레다비드, מזמור לדוד)라는 해설입니다. 표제가 붙어 있는 시편 116개 가운데 73개에 "다윗의 시"(레다비드)라는 제목이 있습니다. 이 제목을 문자적으로 따른다면 시편의 시인은 다윗이 됩니다. 하지만, 시편의 표제에 "레다비드"라는 제목이 나온다고 해서 시편의 기도를 모두 다윗이 썼다고 보기는 곤란합니다. 시편 72편의 끝마디가 "이새의 아들 다윗의 기도가 여기에서 끝난다"(시 72:20)인 것도 이런 생각에 일조합니다. 표제만 가지고 따지더라도 시편에는 모세의 기도, 솔로몬의 시편이 있고, 아삽의 시도 있으며, 고라 자손의 노래도 있습니다. 아삽이나 고라는 레위 사람으로 성전 찬양대로 활동하였던 자들입니다. 그 외에도 헤만, 에단 같은 사람들도 시편의

표제에 그 이름을 올리고 있습니다.[4)]

시편의 시가 언제 기록되었는지를 정하는 일은 논란거리입니다. 다윗시대(기원전 10세기)부터 시작해서 바빌론 포로기(기원전 587–538)를 거쳐 기원전 2세기 무렵의 제2 성전시대에 이르기까지 그 연대를 보는 시야가 무척이나 넓습니다. 확실한 것은 기원전 2세기 초반에 가면 문서로 된 시편이 신앙공동체 안에서 널리 읽혔을 것이라는 사실입니다. 벤 시락(Jesus ben Sirach)의 글인 외경 집회서 머리말에 "율법서와 예언서와 그 뒤를 이은 후대의 저서들이 우리에게 위대한 가르침을 많이 전해 주었다"는 기록이 나오기 때문입니다. 구약을 유대인들은 타낙(Tanakh, Torah와 Nebiim과 Khetubim)이라고 부르는데, 그 케투빔(성문서)의 첫 부분이 바로 시편이기 때문입니다.

기억할 것은 시편의 경우 그 연대를 정확히 알지 못해도 그것을 시로 느끼고 읽는 데에는 별 어려움이 없다는 사실입니다. 시편의 시들이야말로 특정 시공간을 뛰어넘는 울림을 지니고 있습니다. 그렇다면 "다윗의 시"(레다비드)라는 표제는 어떻게 받아들여야 할까요? 시편 시의 표제는 시의 세계로 들어가는 이정표로 보아야 합니다. 시편 독서에 도움을 주는 해설로 보아야 합니다. 따지고 보면 "다윗의 시"라는 히브리어는 다윗이 쓴 시, 다윗을 위한 시, 다윗에게 헌정한 시라는 뜻을 모두 포함하고 있습니다. 시편은 다윗의 권위 아래 수집되어 있다는 소리입니다. 시편의 시인들이 누구인지를 정확하게 거명하기는 어렵지만, 그 시가 모두 다윗의 이름 밑에 수집·전수되었다는 사실이 중요합니다. 이런 지평에서 "레다비드"는 시편의 기록자를 다윗으로 소개하는 정보가 아니라 시편을 다윗의 기도로 읽게 하는 장치가 됩니다. 150개의 시를 하나의 시편으로 통합시킨 인물이 바로 다윗이라는 것입니다.

시편은 우리를 다윗의 기도로 초청합니다. 땅과 하늘이 기도로 연결되기에 다윗의 기도는 하늘로 가는 토라(길)가 됩니다. 다윗이 있기 전 하늘과 땅 사이에서 중개자 역할을 했던 사람은 시내 산의 모세입니다. 시내 산의 모세 이후 땅과 하늘을 잇는 가교 역할은 시온 산의 다윗이 감당하였습니다. 그래서 이스라엘 신앙공동체는 다윗을 통해서 시온 산에서 울리는 하나님의 음성을 듣게 되었다고 여겼습니다. 다윗은 본래 노래로 기도하던 사람이었습니다. 악령에 시달리던 사울 왕을 위해서 하프 연주를 하였던 사람이 다윗이었던 것을 기억하십시오(삼상 16:23). 예루살렘 궁중에서 다윗은 일종의 음악감독이기도 하였습니다(대상 16:4-7, 25:1). 왕으로 기름 부음을 받은 후에는 자기 속에 계시는 하나님의 영을 따라서 기도하였습니다.

이새의 아들 다윗이 말한다.
높이 일으켜 세움을 받은 용사,
야곱의 하나님이 기름 부어 세우신 왕,
이스라엘에서 아름다운 시를 읊는 사람이 말한다.
주님의 영이 나를 통하여 말씀하시니,

그의 말씀이 나의 혀에 담겼다(삼하 23:1-2).

"주님의 영이 나를 통하여 말씀하시니"(루아흐 아도나이 딥베르-비, רוח יהוה דבר־בי) "그의 말씀이 내 혀에 담겼다!"(우밀라토 알-레쇼니, ומלתו על־לשׁוני) 하나님의 영이 다윗의 말글을 조종하셨다는 것입니다. 다윗의 말글은 주님의 음성을 전달하는 통로였다는 것입니다. 다윗은 왕이기 이전에 시인이었습니다. 정치인이기 전에 종교인이었습니다. 신념에 따라 살기 전에 믿음에 붙들려 살았습니다.

시의 표제는 시의 음악적 성격도 제공합니다. 어떤 악기에 맞추어 어떻게 불렀는지가 부가적으로 풀이되고 있습니다. 그 악기 중에는 현악기도 있고 관악기도 있습니다. 시의 표제에 나오는 이런저런 음악용어들은 아마도 성가대 지휘자에게 주는 지침인 듯합니다.[5] 예컨대 시편 9편의 경우, "인도자를 따라 뭇랍벤에 맞춘 노래"여야 한다는 지시를 달고 있습니다. 이 지시를 "알 무트 라벤"(על מות לבן)으로 읽으면 '아들의 죽음'의 곡조라는 뜻이 됩니다. 자식이 죽으면 부모는 자식을 가슴에 묻습니다. '아들의 죽음'이라는 곡조가 어떤 것인지는 알 수 없지만, 시편 9편의 운율이나 곡조가 어떠해야 하는지는 짐작할 수 있습니다. 그러나 그 대부분은 잘 알 수 없는 악기나 음악용어를 소개하고 있습니다. 이처럼 시편의 표제는 음악적으로 도움을 주는 내용도 다룹니다. 하지만, 거기까지입니다. 그 이상은 더 알 수 없습니다.

시편에 소개된 음악적인 지침에는 '셀라'(סלה)도 있습니다. 표제와는 달리 '셀라'는 시 본문 중간중간에 삽입되어 있습니다. 아마도 셀라는 그 자리에 간주곡이나 추임새를 넣으라는 표시인 것 같습니다.[6] 시편을 입말로 기도할 때 보통 두 구절씩 서로 주고받았던 것을 상기해 보면 그랬을 것이라고 어렴풋이 짐작해 봅니다. 그러나 확실하지는 않습니다. 종교개혁자 루터가 이렇게 말했습니다.

> 셀라는 침묵하면서 시편을 진지하게 묵상하는 것을 의미한다. 성령이 그들에게 바로 그 자리에서 교훈하고 생각해야 할 것을 깨닫도록 영혼의 평온하고 고요한 상태를 요구하기 때문이다.[7]

시편의 표제가 시편 독서를 위한 이정표 역할을 한다는 것은 그 시를 읽는 정황을 소개하는 해설에서 확연히 드러납니다. 가령 시편 3편에는 "다윗이 그의 아들 압살롬을 피할 때에 지은 시"라는 표제가 붙어 있습니다. 시편 3편은 악한 무리에게 쫓기는 시인의 심정을 참 절절하게 다루고 있습니다. 이 시의 표제는 그런 절절한 심정을 자식(압살롬)에게 내쫓기는 아버지(다윗)의 처지에서 읽어 보도록 이끈다는 것입니다. 이런 예가 시편에는 13개 나옵니다(시 3, 7, 18, 34, 51, 52, 54, 56, 57, 59, 60, 63, 142편). 이 시들을 가리켜 "역사시"(Historical Psalm)라고 부르기도 합니다. 이 시들에는 모두 구약 역사서가 전하는 다윗왕의 파란만장한 인생역경(삼상 16장-왕상 2장)을 시의 배경으로 삼으라는 표제를 달고 있습니다.

그 표제를 따라 읽을 때 시 맛이 살아난다는 것입니다. 그럴 때 역사이야기에서는 그토록 영웅호걸이었던 다윗이 시련 중 하나님 앞에 무릎을 꿇어야만 했던 연약한 신앙인이었던 것을 깨닫게 된다는 것입니다.[8)] 이처럼 시의 표제는 시를 어떻게 읽어야 하는지를 돕는 도우미 역할을 합니다. 시편 51편도 그런 맥락에서 되새겨 볼 수 있습니다.

실로, 나는
죄 중에 태어났고,
어머니의 태 속에 있을 때부터
죄인이었습니다.

마음속의 진실을
기뻐하시는 주님,
제 마음 깊은 곳에
주님의 지혜를 가르쳐 주셨습니다.

우슬초로 나를
정결하게 해주십시오.
내가 깨끗하게 될 것입니다.
나를 씻어 주십시오.
내가 눈보다 더 희게

될 것입니다(시 51:5-7).

이 시에는 '다윗이 밧세바와 동침한 후 선지자 나단이 그에게 왔을 때'라는 설명이 붙은 제목에 나옵니다. 이 지침을 따른다면 시편 51편은 사무엘하 11장과 더불어 읽어야 합니다. 그럴 때 우리는 다윗이 선지자 나단의 지적을 받자마자 대번에 하나님 앞에서 회개하게 된 까닭을 짐작할 수가 있습니다. 다윗은 밧세바와 저지른 죄를 은폐하면서 오랫동안 마음앓이를 하고 있었는데, 선지자 나단이 찾아와서 자기 허물을 지적하였을 때에 주저 없이 그 자리에서 회개하게 되었다는 것입니다. 시편 51편의 제목은 이처럼 자신의 잘못을 하나님 앞에서 철저히 회개하는 신앙인의 자세를 제시합니다. 우리도 회개하기 위해서 무릎을 꿇었을 때는 시편 51편을 따라서 기도할 수밖에 없다는 것입니다. 이처럼 시편의 표제들은 시편으로 기도하는 자들에게 그 독서의 정황을 일깨워줍니다.

시편의 시, 그 생김새와 짜임새와 쓰임새

시편 시를 어떻게 읽어야 할까요? 시를 이해하기 위해서는 시의 내용과 시의 형식에 주목해야 합니다. 김춘수 시인은 시의 내용에 치중하는 독법을 "시를 느끼는" 것으로, 시의 형식(생김새와 짜임새)에 치중하는 독법을 "시를 생각하는" 것으로 구분하였습니다.[9]

그러면서 우리말 시의 경우 유형학이나 철학의 힘을 빌려 "생각하려고" 해서는 안 된다고 지적합니다.[10)] 시의 해석을 전문가의 영역에 맡기는 것을 조심스레 걱정한 것이지요.

시는 누구나 느껴야 합니다. 하지만, 그렇다고 해서, 시에 대한 생각을 주저할 필요는 없습니다. 시를 깊이 느끼기 위해서라도 시에 대해서 생각해 보아야 합니다. 시의 언어, 형식, 소재, 주제 등에 대해서 생각해야 합니다. 지금까지 성서학자들이 이룬 시의 독법은 크게 둘로 정리됩니다. 하나는 시편의 시를 유형(양식, genre) 별로 묶어서 이해하려는 노력이고, 다른 하나는 시편 시가 어떤 제의(cult)에서 입말로 전해졌다고 보고 그 상황이 어떤 것이었는지를 파악하려는 노력입니다. 전자가 시의 글말과 그 형식에 따른 시의 전형(typicality)을 살펴본다면, 후자는 시가 태어나게 된 "삶의 자리"(*Sitz-im-Leben*)에서 각 시의 개성(individuality)을 들여다본다고 말할 수 있습니다. 전자가 시의 생김새에 주목한다면, 후자는 시의 쓰임새에 주목한다고 말할 수 있습니다.

오랫동안 성서학자들은 시의 생김새를, 즉 시의 유형을 눈여겨보았습니다.[11)] 유형이란 시어를 담은 그릇입니다. 예컨대 시편의 시들을 찬양, 탄원, 감사 같은 범주로 묶어서 새겼습니다. 물론 삶의 지혜를 서술하는 시도 있고, 성전에 올라갈 때 읊조린 시가 있으며, 왕도(王道)를 가르치는 시도 있습니다. 그런 틀 속에서 시의 세계를 크게 탄원과 찬양이라는 두 유형으로 음미하였습니다. 탄원시의 경우 그 짜임새가 부름 → 호소/고소 → 신뢰의 고백 → 간구 → 찬양 순으로 시의 기도가 전개된다는 것입니다. 찬양시의 경우 찬양하라는 요청 → 찬양해야 할 이유나 찬양해야 할 대상 → 찬양하라는 요청 순으로 시의 말글이 전개된다는 것입니다. 이런 식으로 150개의 시가 각각 어떤 패턴을 따르고 있는지를 구분하였습니다.

시편 시의 생김새나 짜임새에 대한 관찰은 그 쓰임새에 대한 연구와 동떨어지지 않았습니다. 생김새는 쓰임새와 맞닿아 있습니다. 시편의 시들이 불린 종교적, 사회적, 교육적 상황을 안다면 시의 의도를 파악하는 데 도움이 됩니다. 하지만, 그것이 쉽지 않습니다. 물론 시편이 원래 찬양집이었다는 것을 가정하면, 시편 시들이 불리던 자리는 성전예배라고 말할 수 있습니다. 그렇지만 성전 예배에서 사용된 노래로 간주한다고 해도, 그 예배가 어떤 예배인지가 궁금합니다. 오늘날 우리 예배에도 주일예배, 찬양예배, 기도회, 특정한 날을 기리는 예식 등이 있지 않습니까? 구약의 시편도 그렇다는 것입니다. 개인이나 공동체가 참회하거나 금식할 때 낭송했던 기도가 있고, 어떤 특정한 축일에 부르거나 고백하였던 기도가 있으며, 왕이 등극할 때 선포되었던 노래도 있다는 것입니다. 그래서 시편의 시들이 어떤 자리에서 낭송, 고백, 연주되었는지를 살피고, 그 배경에서 시의 의도를 파악하고자 애썼습니다. 그런 노력 가운데 가장 전형적인 시도가 왕의 즉위식 때 읽힌 것으로 간주되는 시입니다. 예를 들어 시편 93, 97, 99편은 그런 축제 때에 읽힌 시로 보아야 한다는 것입니다.[12)]

주님은 왕,
위엄을 갖추시고
옷을 입으신다,
능력을 허리에 동여매신다.[13]
세계도 굳건히 서서,[14]
흔들리지 아니한다.

주님의 보좌는
예로부터 견고하니,
주님은 영원 전부터 계신다.

강물이 소리를 지릅니다, 주님
강물이 그 소리를
더욱 높이 지릅니다.
강물이 미친 듯이 날뛰며
마구 소리를 지릅니다.[15]

큰 물 소리보다 더 크시고
미친 듯이 날뛰는 물결보다 더 크시니
위엄차십니다,
높이 계신 주님.[16]

주님의 증거는
견고하며,
주님의 집에는
거룩함으로 넘칩니다.
주님,
영원히 그러하소서[17](시 93편, 사역)

시편 93, 97, 99편은 모두 "주님이 다스리신다"는 말로 시작합니다. 언제, 어디에서 '주님이 왕이시다'와 같은 선언이 공개적으로 선포되었을까요? 이런 시들은 왕의 자리에 오르는 예식 때 들어야 했던 말인지 모릅니다. 왕의 자리에 오르는 지도자에게 참 지도자는 하늘의 주님이시라는 것을 일깨워 주고자 했다는 것입니다. 그래서 시편 93편 같은 시들은 주 하나님이 왕으로 선포되던 예식을 배경으로 삼아야 한다고 추측합니다.

이런 독법들은 모두 다 시편 시를 향한 정독(精讀)에 해당합니다. 시편의 진실까지는 다다르지 못했다고 하더라도 시편의 사실을 붙들기 위한 시편 독서라고 보면 됩니다. 이런 추측이 가능한 것은 시편에 사용된 언어가 특정 상황을 반영하기 때문입니다. 시편의 시들이 본래 어떤 자리에서 낭송되었는지를 정확하게 꼬집어 말하기란 쉽지 않습니다. 단지, 우리가 말할 수 있는 것- 그것은 시편의 글말이 삶의 깊은 체험에서 비롯되었다는 사실입니다. 기쁨이든, 고통이든, 고백이든, 탄식이든, 그 어떤 것이든, 시편의 시어들은 모두 삶에서 우러나왔습니다.

그런 시각에서 신앙생활 중 언어가 담당하는 기능이 무엇인지를 새기려는 노력도 시편 독서에 도움이 됩니다. 시의 생김새를 찬양, 탄원, 지혜시 같은 용어로 구분하지 않고, 또 시의 쓰임새를 예배와 제의, 기도 등으로 구분하지 않고 시편의 시가 신앙생활에서 하는 기능을 이끎(psalms of orientation), 잃어버림(psalms of disorientation), 다시 이끎(psalms of reorientation)으로 보고자 한 것입니다.[18] 지혜시나 토라시가 이스라엘 신앙생활의 길잡이 역할을 한다면, 탄원시는 길잡이로부터 버려진 애끓음을 소개하고, 찬양시나 감사시는 다시 이스라엘 신앙생활의 정도(正道)에 들어섰다는 것을 알리는 기능을 한다는 것입니다. 이것은 시편의 생김새와 쓰임새에 근거해서 시편의 매무새를 들여다보는 노력이라고 말할 수 있습니다.

시편의 시들은 신앙과 경건의 실천에서 소중한 유산입니다. 삶의 진액(津液)이 시편의 생김새, 쓰임새, 짜임새, 매무새에 고스란히 담겨 있습니다. 시편은 삶에서 우러나온 말입니다. 시편은 우리 삶을 바른길로 인도합니다. 헝클어진 삶의 자리에서 방황하다가도, 다시 하나님을 드높이는 삶으로 돌아오게 합니다. 그 전진→퇴보→다시 전진의 자리가 예배든, 가정이든, 학교든, 사회든, 궁중이든, 뜻이 하늘에서 이루어진 것처럼 땅에서도 이루어지기를 간절히 바라는 소망이 시편의 시어에 담겨 있습니다. 이런 점에서 시편의 언어는 하나님과 사람을 이어주는 거룩한 사다리가 됩니다. 땅과 하늘을 이어주는 소중한 통로가 됩니다.

시편, 이스라엘의 고전(古典)

시편은 이스라엘 신앙의 고전입니다. 시편의 시들은 오랜 세월을 거쳐 읽혔습니다. 거룩한 책으로 수용되기 훨씬 이전부터 거룩한 이야기로 읽혔습니다. 고전은 시공간을 초월하여 읽히는 책입니다. 굳이 특정한 시대적 환경에 국한하지 않아도 고전은 언제나 오늘을 살리는 양식이 됩니다.

물론 시편 시 가운데에도 그 역사적 사정을 드러내는 것들이 있습니다. 그 가운데서도 시편 137편은 독보적입니다. 시의 첫 행이 시의 배경을 이스라엘 역사의 포로기로 상정하고 있기 때문입니다. 이스라엘 역사에는 몇 개의 분수령이 있습니다. 유다 왕국의 멸망(기원전 587년), 포로살이에 이은 귀향(기원전 538년), 제2 성전의 봉헌(기원전 515년), 제2 성전시대의 종언(기원후 70년) 같은 것들입니다. 시편의 시들 가운데에는 이런 연대적 흐름을 문맥으로 삼아야 시를 제대로 느낄 수 있는 것들이 있습니다.[19] 시편 137편은 그런 시들 중 하나입니다.

바빌론 강가
거기에 앉아서

우리는 울었다
시온을 기억하면서

거기 버드나무 가지에
우리 수금을 걸어놓고서.

그때
우리를 사로잡아온 자들이
우리를 짓밟아 끌고 온 자들이[20]
우리를 윽박질렀다
노랫가락 뽑아보라고,
자기네 흥에 맞춰
자기들을 위해
시온의 노래 한가락을 뽑아 보라고.

어찌 우리가 부를 수 있으랴
주님의 노래를
낯선 남의 땅에서.[21]

내가 너를 잊는다면,
예루살렘아!
내 오른손이

말라비틀어져 버리고 말 것이다.

내 혀가
내 입천장에 달라붙어 버릴 것이다
내가 너를 기억하지 않는다면
내가 너 예루살렘을
내가 가장 아끼는 것보다도
더욱 기리지 않는다면.

기억하소서
주님,
에돔 사람들이 하던 말을
예루살렘이 함락되던 때 했던 말을.
"헐어 버려, 허물어뜨려,
쑥대밭이 되도록."

망할 도성 바빌론아,
복이 있을 것이다
네게 앙갚음하는 사람에게
네가 우리에게 입힌 해 그대로.

복이 있을 것이다

네 어린아이들을
바위에다가 메어치는 사람에게(시 137편, 사역).

이 시에 등장하는 사람들—바빌론 강가에 앉아서 시온을 생각하면서 울었던 사람들—은 바빌론에 포로로 사로잡혀간 유다 백성이 분명합니다. 예루살렘이 무너지던 날 에돔 사람들이 유다 백성을 향하여 질렀던 고함 소리들을 기억하면서 에돔에게 복수하게 해달라고 비는 자들이란 유다 백성이 아니고서야 누구이겠습니까? 바빌론을 향해서 "망할 도성"이라고 욕설을 퍼붓는 사람들이란 바빌론으로 끌려갔던 유다 사람들이 아니고서야 누구이겠습니까? 그러니 시편 137편은 이스라엘 역사의 포로시대를 그 배경으로 삼아 읽을 수밖에 없습니다. 그럴 때 시의 맛이 제대로 살아납니다.

하지만, 시편 시들이 모두 다 137편처럼 그 역사적 상황을 분명하게 밝히는 것은 아닙니다. 시편이라는 시집에 담겨 있는 시들은 그 연대가 다 분명하지 않습니다. 아니, 그 역사적 배경이나 연대를 알기 어려운 것들이 대부분입니다. 그렇지만 그 연대를 몰라도 시편은 잘 읽힙니다. 역사적 정황을 알지 못해도 시편은 술술 읽힙니다. 읽힐 뿐만 아니라 뜻도 통합니다. 연대결정을 하지 말자는 이야기가 아닙니다. 시편의 시들이 대부분 그 역사적 문맥을 정확하게 소개하고 있지 않다는 사실에 너무 마음 상하지 말자는 것입니다. 다음 사례가 그 대표적인 경우입니다.

주님, 너그럽게 보시고
나를 건져 주십시오.
주님, 빨리 나를
도와주십시오.

내 목숨을 노리는 자들이
수치를 당하게 해주십시오.
내 재난을 기뻐하는 자들이 모두 물러나서
수모를 당하게 해주십시오.

깔깔대며 나를 조소하는 자들이
창피를 당하고 물러가게 해주십시오.

그러나 주님을 찾는 사람은
누구나 주님 때문에
기뻐하고 즐거워하게 해주십시오.
주님의 승리를
즐거워하는 모든 사람이
하나님은 위대하시다 하고
늘 찬양하게 해주십시오.

그러나 불쌍하고 가난한 이 몸,

하나님,
나에게로 빨리 와 주십시오.
주님은 나를 도우시는 분,
나를 건져 주시는 분이십니다.
주님,
지체하지 마십시오(시 70편).

시편 70편의 연대나 배경은 분명하지 않습니다. 사실, 시편 70편 같은 경우는 연대를 몰라도 뜻을 파악하기가 어렵지 않습니다. 누구라도 살다 보면 사람들 탓에 상처받고 시련 당하는 경우가 있지 않습니까? 꼭 어떤 특정한 사정이나 사건을 단정하지 않아도, 시편 70편에서 솟구치는 안타까움과 절절함은 구구절절 맥이 통하고 뜻이 통합니다. 시편의 연대를 모두 특정 시대로 단정 지을 필요가 없다는 것은 이런 맥락에서 드리는 말씀입니다. 이 점이 독특합니다. 다시 말해 현재 우리가 읽는 시편은 콘텍스트(context)가 없는 채로 텍스트(text)만 주어져 있는 셈입니다. 어떻게 그럴 수 있느냐고 묻지 마십시오. 모든 고전(古典)들이 다 그러합니다. 아니, 고전일수록 콘텍스트와 상관없이 읽히고 또 읽힙니다. 시편은 그리스도인의 손에 들린 위대한 고전입니다.

이스라엘 신앙은 유대공동체의 손에 시편이 들려지게 되면서 그 격(格)을 달리하게 되었습니다. 이스라엘은 오랫동안 성전 중심의 신앙생활을 하였습니다. 제단 위에 희생제물을 드리는 방식의 종교생활을 하였습니다. 그렇지만 두 번(기원전 587년, 기원후 70년)에 걸쳐 성전이 외적의 침략으로 송두리째 무너지게 된 뒤부터는 유다 사람들의 신앙생활에는 일대 변혁이 일어났습니다. 희생제물을 바칠 제단이 없어진 것입니다. 그때부터 기도는 제물을 대신하게 됩니다. 상한 마음으로 드리는 기도는 소나 양 등으로 드리던 제물을 대신하게 됩니다. 성전 대신 회당이 들어서게 되고, 회당에서는 말씀 두루마리를 읽고 가르치게 되었습니다. 제단 대신 강단이 하나님의 임재를 확인하는 통로가 되었습니다. 나중에 파피루스가 두루마리를 대치하게 되면서부터는 변화의 속도가 더욱 빨라졌습니다. 회당에 비치되어 있던 두루마리가 손에 들고 다니는 노트북 형식의 파피루스로 대치되면서 신앙생활의 양상이 더욱 획기적으로 변모하게 되었습니다. 이런 변혁과 변화와 변모의 한복판에 시편이 자리 잡고 있습니다.

한 개인이나 공동체가 오랫동안 하나님께 드리던 기도, 찬양, 감사가 마침내 시편이라는 시집으로 사람들 손에 들려지게 된 때는 제2 성전시대(기원전 6 – 기원후 1세기)입니다. 제2 성전시대는 정치적으로는 페르시아 시대입니다. 방대한 페르시아 제국에서 볼 때 유다 땅은 변방의 식민지에 지나지 않았습니다. 정치적으로도, 경제적으로도, 사회적으로도 유다는 작은 시골에 불과했습니다. 이런 시기에 유다 백성은 영적인 성취를 이루게 됩니다. 성전과 별도로 시편의 말씀을 읽고, 듣고, 쥐게 됩니다.

유대 신앙공동체가 시편을 가슴에 품게 되면서 이스라엘은 진정한 영적 능력을 고취하게 됩니다. 성전 중심의 신앙생활을 하던 사람들 사이에서 책의 종교가 싹트기 시작한 것입니다. 시편이 책으로 자리 잡으면서 사람으로부터 하나님께로 향하던 말들이 하나님의 성스런 뜻을 받드는 말씀으로 간주되었습니다. 똑같은 말글이었지만, 그 쓰임새가 바뀌게 되었습니다. 사람들의 기도가 하나님의 손에 들려지게 되었던 것입니다.

한 권으로 읽는 시편, 그 매무새

현재 우리가 읽는 시편은 다섯 권으로 구성되어 있습니다. 하나 속에 다섯이 있고, 다섯이 모여 하나를 이루고 있습니다. 입말로 부르는 찬양이요 기도였던 시가 눈으로 읽는 책으로 편찬되면서 다섯 권으로 구성되었습니다. 다섯 권이 모여 하나의 총서를 이룬 생김새가 오늘날 우리가 읽는 시편입니다. 쉽게 말해 150개의 시를 다섯 권의 시집으로 구분해서 읽어야 한다는 소리입니다.

왜 150개의 시를 다섯 권으로 구성했을까요? 모세의 토라가 다섯 권이기 때문입니다. 시편의 매무새는 오경을 본떠 다섯 권으로 편집되었습니다(시 1-41, 42-72, 73-89, 90-106, 107-150편). 시편이 모세의 토라처럼 다섯으로 구성되어 있는 매무새에는 시편을 토라로 읽으라는 지침이 새겨져 있습니다. 유대 미드라쉬(Midrash Tehillim 1.2)는 일찍부터 시편이 다섯 권으로 짜여 있는 것은 모세의 토라를 닮은 것이라고 지적하였습니다.[22] 모세의 토라가 하나님의 가르침이었듯이 다윗의 기도도 하나님께서 기도자의 입술에 들려준 가르침이라는 것입니다. 오경이 모세의 토라이듯, 시편은 다윗의 토라입니다.

시편이 다윗의 토라로 읽히게 되면서부터 하나님께 드리던 사람의 말(기도와 찬양)이 사람에게 주시는 하나님의 말씀(토라)으로 받아들여졌습니다. 기도와 찬양이던 시편이 토라로, 하나님이 주신 교훈으로 받아들여졌습니다. 찬양집이, 기도서가, 시집이 토라가 된 것입니다. 이런 점에서 시편을 한 권의 책으로 보고 그 전체 구성의 미학을 살피려는 시도가 우리 주목을 끕니다.[23] 시편을 펴 들고 살펴보십시오. 시편에 등장하는 맨 첫 말이 무엇입니까? "제1권"이라는 글자입니다! 시편 1편 앞에 붙어 있는 맨 처음 말이 바로 그것입니다. 제1권! 이 제1권은 시편 41편에서 끝납니다. 시편 제1권의 맨 마지막은 시편 41:13에서 이렇게 끝납니다.

> 찬양을 받으소서
> 주님
> 이스라엘의 하나님
> 영원부터 영원까지
> 아멘, 아멘(시 41:13 사역).

제1권만 이런 식으로 끝나지 않습니다. 자세히 보면 제2권(42-

72편), 제3권(73-89편), 제4권(90-106편), 제5권(107-150편) 모두 하나님을 찬양하는 말로 그 끝을 맺습니다. 위에서 살핀 시편 41:13 외에도 제2권의 마지막인 시편 72:18-19(홀로 놀라운 일을 하시는 분, 이스라엘의 하나님, 주 하나님을 찬양합니다. 영광스러운 그 이름을 영원토록 찬송합니다. 그 영광을 온 땅에 가득 채워 주십시오. 아멘, 아멘), 제3권의 마지막인 시편 89:52("주님, 영원토록 찬송을 받으십시오. 아멘, 아멘"), 제4권의 마지막인 시편 89:48("주, 이스라엘의 하나님, 영원토록 찬송을 받아 주십시오. 온 백성은 '아멘!' 하고 응답하여라. 할렐루야")도 송영으로 마치고 있습니다. 그리고 맨 마지막 제5권은 146-150편에 걸쳐 송영을 노래하다가 끝에 가서 "숨 쉬는 사람마다 주님을 찬양하여라. 할렐루야"(시 150:6)로 대단원을 마감하고 있습니다.

시편이 오늘 같은 매무새를 갖추기까지 어떤 경로를 거쳤는지에 대해서는 많은 추측이 있습니다.[24)] 주목할 것은 시편의 제1권(1-41편)이 33편만을 빼고서는 다 다윗의 시로 되어 있다는 사실입니다. 제2권(42-72편)은 다윗의 시외에도 고라의 시(42-49편)와 아삽의 시(50편)를 품고 있습니다. 제3권(73-89편)은 아삽의 시로 시작하는데(73-83편), 이 아삽의 시가 제2권에 나오는 다윗 시편, 고라 시편과 더불어 "엘로힘 시편"을 구성합니다. 하나님의 이름을 히브리어 엘로힘(אלהים)으로 호칭하는 현상이 시편 42-83편에서 두드러진다는 데서 붙여진 이름입니다. 그렇지만 이 제3권의 후반부(84-89편)는 다시 하나님의 이름을 야훼로 부르고 있습니다. 제

4권(90-106편)은 107편과 더불어 모두 주님의 왕권을 노래하는 시편입니다. 제5권(107-150편)은 다윗 시, 할렐루야 시, 알파벳 시, 성전에 올라가는 노래 등이 모여서 한 권을 이루고 있습니다.

시편 전체를 놓고 볼 때 처음 1-2편은 들머리이고 마지막 146-150편은 마무리입니다. 그 사이에 바탕글이 있습니다. 그 바탕글이 탄원시(시 3편)로 시작하여 찬양시(시 145편)로 끝막음합니다.[25)]시편의 전반적인 짜임새가 탄식에서 찬양으로 흐르고 있습니다. 시편의 각 권이 송영으로 다 마치고 있다는 사실도 이런 인식에 공조합니다. 왜 이렇게 짜여 있을까요? 그 까닭은 이스라엘 신앙의 본바탕에서 살펴야 합니다. 하나님이 정하신 창조세계가 저녁에서 아침으로 가는 질서를 따르지 않습니까! 십자가의 고난 뒤에야 부활의 승리가 있지 않습니까! 시편의 기도가 탄원으로 시작해서 찬양으로 마감한다는 것은 이런 성서적 진리를 확인하는 실례에 듭니다.

시편은 이스라엘 이야기를 다시 쓰고 있습니다. 시편의 시들은 이스라엘의 이야기를 시어로 다시 쓰면서 이스라엘의 신앙을 가다듬고 있습니다. 이스라엘의 이야기를 다시 쓰지만, 아브라함이나 모세부터 시작하지 않습니다. 왕국시대부터 시작합니다. 이스라엘이 왕국으로 부상해서 흥망성쇠를 거듭하다가 바빌론 포로기를 거쳐 유대공동체로 다시 등장하기까지를 풀어가고 있습니다. 시편의 지평이 다윗이 세운 왕국시대와 맞닿아 있는 것은 우연이 아닙니다. 시편의 세계가 다윗 왕국에 대한 소망과 안타까움을 피력하고 있는 것도 우연이 아닙니다.

하나님은 다윗에게 "네 집과 네 나라가 내 앞에서 영원히 이어갈 것이며 네 왕위가 영원히 튼튼하게 서 있을 것이다"(삼하 7:16)라고 약속하셨습니다. 하지만 열왕기상·하가 전하는 이스라엘 왕국은 뭇 민족 앞에서 하나님이 세운 도구가 되기에는 터무니없이 부족하였습니다. 하나님의 공의를 제대로 펼치지 못했고, 하나님의 뜻을 온전히 실현하지 못했습니다. 그랬던 왕국이었기에 기원전 587년 바빌론 제국에게 패망하고 만 것은 필연적인 결과입니다.

그렇지만 그 길고 쓰라렸던 붕괴와 절망의 자리에서 이스라엘의 신앙은 다시 태어납니다. 시편은 그런 응답 중 하나입니다. 땅과 왕국과 성전을 잃어버린 자들이 부르짖는 소리에 대한 응답으로, 하나님이 주셨던 언약을 상기하면서 우리 하나님은 어디에 계시느냐고 항변하는 자들에 대한 응답으로 다섯 묶음의 시집으로 매무새를 갖춘 한 권의 시편이 편찬되었습니다.[26)]

시편의 기도는 이스라엘의 과거가 하나님의 손에 붙들려 있었듯이 그 미래도 하나님의 섭리 안에 있다는 것을 일깨워줍니다. 시편은 우리를 하나님의 임재 앞에 서게 합니다. 그렇습니다. 시편은 거룩한 마당입니다. 거룩한 터전입니다. 시편의 마당에 들어선 자는 누구나 그 발에서 신발을 벗어야 합니다.

시편의 들머리 1, 가야 할 길이 있습니다

시편 1편은 제1권의 서시(序詩)이자 시편 전체의 들머리입니다. 오늘날 히브리어 성경의 대본이 되는 레닌그라드 사본(Leningrad Codex)에는 시편의 들머리에 소개되는 시에 아무런 숫자가 붙어 있지 않습니다. 뒤에 이어지는 시의 머리말로, 서시로, 읽으라는 암시입니다. 이 서시가 길에 대해서 이야기합니다. 사람에 대해서 이야기합니다. 토라에 대해서 이야기합니다. 이 시의 첫 글자는 히브리어 알파벳의 첫 자음인 알렙(א)입니다. 그 끝 글자는 먼 마지막 자음인 타브(ת)입니다. 아쉬레(אשרי, 행복하도다!)로 시작해서 토베드(תאבד, 망할 것이다)로 마치고 있습니다. 이런 식으로 시편 1편은 인생길의 처음과 끝을 다룹니다.[1)] 인생길의 전 여정이 시편 1편 안에 담겨 있는 셈입니다.

시편 1편은 "복 있는 사람"(아쉬레 하이쉬, אשרי האיש)과 "악한 사람"(르샤임, רשׁעים)을 대조합니다. 의인과 죄인을 대조합니다. 행복한 사람의 길과 악한 사람의 길이 여기에 펼쳐집니다. 생명에 이르는 길과 패망에 다다르는 길이 여기에 소개됩니다. 좁은 길과 넓은 길이 이 안에 펼쳐집니다. 이 두 길 가운데 어느 길을 가야 하겠습니까? 어느 길로 가야 행복한 사람이 될 수 있겠습니까?

시편 1편은 우리에게 어느 길로 가야 하는지를 일깨워 줍니다. 시편 1편은 길에 대한 토라(말씀)입니다. 토라(道)는 하나님의 말씀을 지칭하지만, 동시에 길(道)을 뜻하기도 합니다. 시편의 서시는 우리에게 어느 길로 가야 하는지를 들려줍니다. 하나님의 말씀으로 들려줍니다. 시편 1편은 토라 시입니다. 이 서시는 시편 전체를 토라로 보게 합니다.

토라에 열린 마음, 토라를 여는 마음

시편 1편은 "복 있는 사람"이 가야 할 길에 대해서 가르칩니다. 시편의 들머리가 기도나 찬양이 아니라 가르침으로 그 말문을 연다는 것은 의미심장합니다. 시편이라는 제목이 히브리어로 테힐림(찬양)이지만, 시편의 본디 속내가 하나님께 드리는 기도이지만, 시편 1편은 그 어디에서도 찬양이나 기도를 다루지 않습니다. 시편 1편은 토라입니다. 가르침입니다. 이 서시가 있음으로 시편은 토라 구실을 합니다. 그 토라의 주제가 행복한 사람이 걸어가는 길입니다. 시편은 "복에 대한 선언"(beatitude)으로 시작합니다.[2)] 누가 행복한 사람입니까? 누가 복을 누리는 사람입니까? 무엇이 복입니까? 무엇이 사람을 행복하게 합니까?

시편 1편은 "아쉬레"라는 감탄사로 시작합니다. 헬라어는 이 말을 마카리오스(μακαριος)로 번역하였습니다. 라틴어 성경은 그것을 "베아투스"(*beatus*)로 옮겼습니다. 시편 1편은 예수님의 산상수훈(마 5:3-10)처럼 "복 있는 자는 … 하다"는 식의 가르침입니다. 그 가르침을 여는 말이 바로 아쉬레입니다. 아쉬레는 일종의 감탄사입니다. 일상생활에서 누리는 행복을 가리킵니다. 이 말은 종교적 범주에서 사용되는 하나님이 주시는 복(바라크, ברך)과는 구별됩니다. 그만큼 세속적입니다. 하지만 아쉬레는 "복을 받은"(바루크, ברוך) 삶의 열매로 보아야 합니다. 하나님이 주시는 복을 일상의 삶에 담았을 때 "아쉬레!" 하게 됩니다. 세상의 행복을 여는 열쇠는 하늘의 은총입니다. 그 은총을 누리는 자는 행복한 사람입니다. 그 행복을 누리는 자가 걸어가는 길은 토라를 따르는 삶이어야 합니다.

시편 1편의 가르침에 마음을 같이 하기 위해서는, 먼저 이 시가 시편 전체에서 어떤 위치를 차지하는지를 파악해야 합니다. 앞에서도 이야기하였듯이 시편은 모세의 토라에 버금가는 다윗의 토라입니다. 시편을 굳이 토라라고 말했던 것은 시편 전체가, 전체 시집이, 오경처럼 다섯 권으로 구분되어 있기 때문입니다. 이런 구분 속에서 토라시가 감당하는 역할은 무엇일까요?

시편을 토라로 대한다는 것은 우리가 하나님께 기도하는 것이 아니라 우리로 하여금 하나님께 기도하도록 시편이 이끌고 있다는 뜻이 됩니다. 시편은 우리에게 기도하는 법을 가르쳐줍니다. 어린 아이는 엄마 품에서 말을 배웁니다. 말하는 법을 배웁니다. 어린아이들이 제일 먼저 익히는 말 가운데 맘마와 지지가 있습니다. 먹어도 되는 것은 맘마입니다. 먹어서 안 되는 것은 지지입니다. 시편도 그러합니다. 하나님의 사람으로 걸음마를 하는 자들에게 해도 되는 것과 해서는 안 되는 것을 가르쳐줍니다. 가도 되는 곳과 가서는 안 되는 곳을 일깨워 줍니다.

토라시는 하나님의 사람이 걸어가야 할 길을 안내하는 길잡이 (orientation) 역할을 합니다. 시편이라는 토라(Torah)에 담긴 토라 (torah) 시는 우리에게 어디로 가야 하고, 무엇을 따라야 하며, 무엇을 따르지 않아야 하고, 어디에 가서는 안 되는지를 가르쳐줍니다. 빨리 가려고 하지 말고 제대로 가야 한다는 것을 일깨워줍니다. 삶에서 소중한 것은 속도가 아니라 방향이라고 타이릅니다. 토라시가 전하는 토라는 교실에서 배우고 익히는 교훈이 아닙니다. 삶에서 실천하는 깨달음입니다. 머리로 아는 신앙이 아니라 가슴으로 느끼는 믿음입니다. 시편 1편이 바로 그런 세계를 펼치고 있습니다.

시편 1편은 토라시이면서도 그 언어가 율법적이지 않습니다. 토라이면서도 우리에게 하나님이 주시는 "규례와 법도"를 "지키라"거나 "행하라"거나 "따르라"고 지시하지 않습니다. 대신 하나님의 율법을 "즐거워하며 묵상한다"고 말합니다.

(복 있는 사람은)

오로지 주님의 율법을 즐거워하며

밤낮으로 율법을 묵상하는 사람이다(시 1:2).

“즐거워하다”(헤페츠, חפץ), “묵상하다”(하가, הגה)는 말은 시편 1편의 분위기가 결코 법에 매여 있지 않다는 사실을 보여줍니다.[3] “주님의 율법”(토라트 야훼, תורת יהוה)이 그의 즐거움이라는 것입니다. 시편 1:2에 율법이라는 말이 나오지만, 그 말의 쓰임새가 결코 법적인 분위기는 아닙니다. 법을 즐거워하기 때문입니다. 법을 밤낮으로 곰곰이 묵상하기 때문입니다.

시편 1편은 2편과 더불어 전체 시편의 머리말입니다.[4] 시편 1편을 가리켜 지혜시라고도 합니다. 어떻게 살면 행복해지는지, 삶의 길을 가르쳐 준다고 보기 때문입니다. 구약에서 지혜는 조상 때부터 실천한 공동체의 가치를 다음 세대에게 전달하는 수단입니다. 지혜는 전통입니다. 지혜는 관습입니다. 지혜는 삶을 행복에 이르게 하는 기술입니다. 그런 맥락에서 시편 1편이 털어놓는 아쉬레는 지혜의 모판이 됩니다. 지혜는 복되게 살아가는 관습입니다. 삶의 길을 찾는 능력입니다. 삶의 방향을 정해주는 통찰입니다. 그렇습니다. 시편의 들머리는 기도와 찬양으로 들어가는 현관입니다.

그렇지만 저는 시편 1편을 지혜시보다는 토라시로 보려고 합니다. 왜 그럴까요? 지혜가 삶의 길을 가리킨다면, 토라는 바로 그 길 자체입니다. 지혜와 토라, 모두 길(道)과 연관되어 있습니다. 구약

신앙에서 지혜와 토라는 같이 갑니다. 토라의 깊이에서 지혜의 넓이를 잽니다. 아니, 지혜의 깊이에서 토라의 넓이를 체험합니다. 토라시와 지혜시가 함께하는 터전이 여기에 있습니다. 하지만, 그렇다고 해서, 지혜와 토라를, 토라시와 지혜시를 똑같은 것으로 여기지 마십시오. 지혜가 경험에서 우러나온다면 토라는 계시로 주어집니다. 시편 1편을 토라시로 보는 이유가 여기에 있습니다.

율법에서 말씀으로

시편에서 토라시, 하면 크게 셋을 꼽습니다. 시편 1편과 19편과 119편입니다. 이 세 시는 모두 토라를 다룹니다. 시편의 제1권에서는 19편이, 제5권에서는 119편이 의미상 그 중심축에 해당됩니다.[5] 차이가 있다면 시편 1편이 삶에서 우러나온 고백 같은 인상을 준다면, 19편은 서정시 분위기를 풍기고 있고(시 19:1-6을 읽어보세요), 119편은 세심하게 밑 본을 그린 다음 정교하게 완성시킨 작품다운 면모를 보입니다. 이 세 시 모두 토라를 시의 주제나 소재로 삼고 있습니다. 토라를 읊조리는 삶을 행복의 기준으로 정하고 있습니다. 토라 위를 걷는 발걸음을 건강의 척도로 삼고 있습니다.

복 있는 사람은
악인의 꾀를 따르지 않는 사람이다.

…

오로지 주님의 율법을 즐거워하며,

밤낮으로 율법을 읊조리는 사람이다(시 1:1-2).

하늘은 하나님의 영광을 드러내고

창공은 그의 솜씨를 알려 준다.

…

주님의 교훈은 완전하여서

사람에게 생기를 북돋우어 주고,

주님의 증거는 참되어서

어리석은 자를 깨우쳐 준다(시 19:1, 7).

나는 주님의 법을 묵상하며,

주님의 길을 따라가겠습니다.

주님의 율례를 기뻐하며,

주님의 말씀을 잊지 않겠습니다.

…

내 눈을 열어 주십시오.

그래서 바로 보게 해주십시오,

주님의 법 안에 있는 놀라운 진리를(시 119:15-16, 18).

세 시 모두 토라를 예찬하고 있습니다. 시편 19편의 경우 창조세계가 하나님의 솜씨를 알려 주고 하나님의 말씀이 사람들에게 생기를 준다고 이야기합니다. 창조세계나 토라가 모두 하나님의 전능하심을 드러냅니다. 그중에서도 하나님과 인간 사이의 관계를 바로 세우는 통로는 토라입니다.[6)] 그 토라를 시편의 토라시들은 "주님의 율법", "율법", "주님의 교훈", "주님의 율례", "주님의 법" 등 다양하게 부르고 있습니다.

우리말 성경은 대체로 히브리어 토라를 율법으로 번역합니다. 문제는 토라를 율법으로 간주할 때 일어납니다. 율법을 암송하는 자들이 누구일까요? 왜 율법을 지킨다고 하지 않고 굳이 읊조리며 묵상한다고 말하고 있습니까? 그리스도인들은 흔히 율법을 복음의 반대말로 단정합니다. 은혜의 반대편에 율법이 자리 잡고 있다고 생각하지 않습니까? 그래서 율법에 대해서 부정적인 태도를 지니게 됩니다. 복음은 우리를 자유롭게 하지만 율법은 우리를 얽매이게 한다고 단정합니다. "사람이 율법의 행위와는 상관없이 믿음으로 의롭다고 인정을 받는다"고까지 항변합니다(롬 3:28; 비교, 갈 2:16). 그러니까 시편 1편처럼 복 있는 사람은 야훼 하나님의 율법을 묵상하는 사람이라고 외쳤을 때, 잘못하면 시인의 입에 오르내리는 복 있는 사람이란 자칫 예수님이 독선적이라고 비난했던 율법학자들과 다르지 않다는 생각에 빠져들 수 있습니다(마 23:27-28; 막 2:15-17; 눅 18:9-14).

그러나 그렇게 판단해서는 안 됩니다. 토라를 획일적으로 율법이라고 단정하면 오해가 생깁니다. 토라라는 히브리어에는 여러

가지 뜻이 있습니다. 설령, 토라를 율법으로 간주한다고 해도 예수님이 율법을 마냥 부정적으로만 대하지 않았다는 사실을 떠올려야 합니다. 예수님은 "내가 율법이나 예언자들의 말을 폐하러 온 줄로 생각하지 마라. 폐하러 온 것이 아니라, 완성하러 왔다"고 말씀하시지 않았습니까!(마 5:17) 사도 바울도 말년에 믿음이 율법을 굳게 세운다고까지 주장하지 않았습니까! "그러면 믿음으로 말미암아 우리가 율법을 폐합니까? 그럴 수 없습니다. 도리어 율법을 굳게 세웁니다"(롬 3:31).

그렇다면 어떻게 해야 토라에 대한 오해에서 벗어날 수 있을까요? 무엇보다도 히브리어의 토라를 율법이 아닌 다른 말로 번역해 보는 것입니다. 가령 시편 1편의 서두에 나오는 율법이란 말을 교훈이나 은총으로 옮겨보십시오. 시편의 맛이 달라집니다. 시편의 향기가 다르게 느껴집니다.

복 있는 사람은
악인의 꾀를 따르지 않는 사람이다.
죄인의 길에 서지 않는 사람이다.
거드럭거리는 사람들의 자리에
끼지 않는 사람이다.

오로지 주님의 은총을 즐거워하며,
밤낮으로 그 교훈을 읊조리는 사람이다(시 1:1-2).

어떠세요, 오로지 주님의 은총을 즐거워하며 밤낮으로 그 교훈을 묵상하는 사람이라는 말이. 누가 복 있는 사람이라고요? 하나님의 말씀에 마음이 열린 사람이 복 있는 사람이라는 것입니다. 하나님의 교훈을 순수하게 받아들이는 사람이 진정 복 된 존재라는 것입니다. 하나님의 은총을 진심으로 구하는 자에게 주님은 기꺼이 행복(시 1:1-2)을, 생기(시 19:7)를, 진리(시 119:18)를 주신다는 것입니다(비교, 마 7:7).

악한 자들이 판치는 세상인데

왜 시편 1편은 우리에게 주님의 가르침을 즐거워하며 묵상하라고 권면하고 있습니까? 신학적으로 말할 때 아담의 타락 이래 사람들이 사는 곳은 에덴의 동쪽입니다. 성서적으로 판단할 때 우리들의 거주지는 모두 한 곳입니다. 에덴의 동쪽입니다. 에덴동산 안에서 살아야 할 아담과 하와가 하나님의 뜻을 어기고 에덴동산 밖으로 쫓겨났습니다. 그래서 그 후손들에게 고통이 있고 시련이 있습니다. 죄에 따른 형벌이 있습니다. 그래서 탄식이 있습니다. 그것이 창조신앙의 가르침입니다. 에덴의 동쪽이란 그렇기에, 우리가 지금 살아가는 자리를 상징적으로 일컫는 장소입니다. 그 창조신앙을 묵상하면서 되물어봅니다. 다시 에덴으로 돌아가는 길은 어디 없을까? 에덴동산의 생명나무에 이르는 길(창 3:24)은 어디 없을까? 시편 1편은 그런 우리 실존에 대한 처방입니다. 주님의 교훈에, 하나님의 은총에 자기를 조율하는 사람에게는 생명나무에 버금가는 번영을 누리게 된다고 약속하고 있습니다.

그는 나무와 같다.
시냇가에 심어진 나무.
철 따라 열매를 맺고
그 잎이 시들지 않는 나무처럼
하는 일마다 피어나리라.

하지만
악인은 그렇지 않아서
쭉정이와 같으리라.
한낱 바람에 흩날리는(시 1:3-4, 사역).

의인은 에덴동산(창 2:8-14)에서처럼, 에스겔이 보았던 생명의 강(겔 47:1-12)처럼, 아니 시온에 구현된 파라다이스(사 2:2-4; 미 5:1-3)처럼 번성할 것입니다.[7] 시편 1편이 다짐하는 의인의 번성에서 다시 에덴으로 돌아가는 길이 열리는 가능성을 보는 것은 그렇게 큰 무리가 아닙니다. 의인이 밤낮으로 읊조리는 하나님의 은총에서 예수 그리스도의 십자가의 사역을 떠올리는 것도 그렇게 큰 억지는 아닙니다.

시편 1편에서 의인의 형통함이 이루어진 자리는 세상 한복판입니다. 우리가 사는 곳은 악한 사람들이 모여 있는 곳입니다. 죄인들이 모여 사는 곳입니다. 교만한 자들이, 거드럭거리는 자들이 작당하여 설치는 곳입니다. 시편 1편이 거론하는 악한 사람, 죄진 사람, 오만한 사람들을 도덕적인 의미로만 파악해서는 안 됩니다. 그들은 하나님의 품을 떠나 살기에 악한 사람입니다. 하나님의 뜻을 좇지 않기에 악한 존재입니다. 하나님의 가르침을 경솔하게 여기기에 악한 인간입니다. 이런 시각에서 시인은 이 세상을 가리켜 악한 사람들이 판치는 곳이라고 마음 아파합니다. 이런 악한 세상에서 하나님의 사람은 어떻게 살아야 합니까? 에덴의 동쪽을 거주지로 삼게 된 자들은 어떻게 해야 참으로 행복한 인생을 살아갈 수 있습니까? 시편 1편은 거기에 대한 해답입니다. 하나님의 사람은, 한 마디로, 주님의 은총을 밤낮으로 읊조리며 살아야 합니다. 그래야 험한 세상 속에서 제대로 사람 구실을 하게 됩니다.

사람이 누구인지는 그가 걷는 길에서 드러납니다. 토라의 길은 좁은 길입니다. 토라를 걷는 걸음은 좁은 문으로 들어서는 길입니다. 좁은 만큼 애써야 합니다. 좁은 만큼 참아야 합니다. 그 길이 생명에 이르는 길이기 때문입니다. 애쓰고 참은 만큼 하나님이 위로해 주십니다. 좁은 길을 걷는 자는 철 따라 열매를 맺는 기쁨을 누릴 것입니다. 그러나 넓은 길을 걷는 자들은 그 처지가 바람에 휘날리는 쭉정이와 같을 것입니다.

여기에 질문 하나가 떠오릅니다. 오늘 우리 세상에서 과연 의인들은 시편 1편이 약속하는 것처럼 항상 복이 있고, 형통하게 삽니까? 실제 세상에서는 신앙의 유무와 상관없이 힘 있는 자가 정의편이 되고, 가진 자가 공의를 대변하지 않습니까? 까닭 없이 고난당하는 의인도 있지 않습니까? 이렇게 어처구니없는 세상인데 의인이 형통하게 된다는 소리가 도대체 무슨 뜻입니까? 실제 세상에서는 악한 자가 득세하는 현실이 엄연히 펼쳐지고 있지 않습니까? 사실, 이 질문은 우리 모두의 관심사입니다. 엄밀히 말해 이 주제는 탄원시의 문제요 욥기의 마음앓이입니다.

이런 맥락에서 우리는 주님의 교훈에, 하나님의 은총에 그 마음이 열려 있는 자가 행복한 자라는 시인의 생각에 다가서야 합니다. 시인은 천진난만하지 않습니다. 단순한 낙관주의자가 아닙니다. 세상을 모르지 않습니다. 시인은 세상을 너무나도 잘 알고 있습니다. 실제 세상에서는 악인들이 유명하게 되고, 부자가 되고, 의인들이 오히려 고난을 당하는 때가 많다는 것을 잘 알고 있습니다. 시편의 시인도 악한 자들이 잘 되는 것 때문에 속상해하기는 마찬가지입니다. 시인의 눈에 비친 현실은 너무나 모순됩니다. 그래서 그의 마음도 편치 않습니다. 얼마나 속상해하는지, 시편의 다른 구절에서는 이런 소리가 들립니다.

악한 자들이 잘 된다고 해서 속상해하지 말며,
불의한 자들이 잘산다고 해서 시새워 하지 말아라.

네 갈 길을 주님께 맡기고,
주님만 의지하여라.
주님께서 이루어 주실 것이다.

잠잠히 주님을 바라고,
주님만을 애타게 찾아라.
가는 길이 언제나 평탄하다고 자랑하는 자들과,
악한 계획도 언제나 이룰 수 있다는 자들 때문에
마음 상해하지 말아라(시 37:1, 5, 7).

그것은,
내가 거만한 자를 시샘하고,
악인들이 누리는 평안을 부러워했기 때문이다.

그들은 죽을 때에도 고통이 없으며,
몸은 멀쩡하고 윤기까지 흐른다.

사람들이 흔히들 당하는 그런 고통이 그들에게는 없으며,
사람들이 으레 당하는 재앙도
그들에게는 아예 가까이 가지 않는다(시 73:3-5).

시인은 악한 자들의 형통함에 대해서 강하게 불평합니다. 어찌

보면 시인의 가슴에 한이 맺혀 있습니다. 왜 착한 사람들이 고통을 받는데, 악한 사람들에게는 그런 고통이 없느냐고 울부짖습니다. 그래서 묻게 됩니다. 도대체 무엇이 행복입니까? 어떤 것이 복 된 것입니까? 그렇게 물으면서도 시인은 자기는 의로운 길을 걷겠다고 다짐합니다. 그렇습니다. 신앙생활은 에덴의 동쪽에서 하는 것입니다. 거칠고 험하고 메마른 에덴의 동쪽에서 하는 것입니다. 그 에덴의 동쪽이라는 현장에서 마음을 다하여 기꺼이 의로운 길을 걷는 것입니다. 신앙생활을 "제자도"라고 부르는 것은 이 때문입니다.

행복의 뜻, 행복의 진실

복의 의미를 다시 들여다보아야 합니다. 행복의 뜻을 다시 풀어야 합니다. 사람은 누구나 복을 좋아합니다. 우리도 복을 좋아합니다. 하나님은 세상을 창조하시고 나서 그것을 관리하는 일을 맡은 사람에게 복을 베푸시며 말씀하셨습니다. "생육하고 번성하여 땅에 충만하여라. 땅을 돌보아라. 바다의 고기와 공중의 새와 땅 위에서 살아 움직이는 모든 생물을 통솔하여라"(창 1:26). 복은 자식을 낳고 번성하는 일입니다. 선하고 아름다운 상태입니다. 하나님은 이 복을 에덴동산에 심은 아담에게 주셨습니다. 고향을 떠나는 아브라함에게도 주셨습니다. 행복은 이 하나님의 뜻에 순종할 때 이루어집니다.

하나님의 뜻을 따라 사는 것이 복된 인생입니다. 행복은 성적순이 아닙니다. 행복은 실적순이 아닙니다. 행복은 업적순이 아닙니다. 행복은 교실에서 얻을 수 없습니다. 직장에서 모을 수 없습니다. 업적으로 평가할 수 없습니다. 행복은 이론이 아닙니다. 돈이 아닙니다. 행복은 삶입니다. 하나님의 뜻 안에 살 때 행복합니다.

우리는 여기에서 복이 있다는 말의 의미를 다시 들여다보게 됩니다. 시편 1:2를 되새겨 보십시오. 누가 복 있는 사람입니까?

> 오로지 주님의 교훈을 즐거워하며,
> 밤낮으로 그 교훈을 읊조리는 사람이다(시 1:2).

이 구절은 이렇게도 번역됩니다.

> 오로지 주님의 은총 안에 그의 즐거움이 있기에,
> 주님의 말씀을 그는 밤낮 읊조린다(사역).

우리는 이 구절에서 두 가지를 깨달을 수 있습니다. 하나는 누가 복된 사람이냐는 것이고, 다른 하나는 복된 사람은 무엇을 하느냐는 것입니다. 복 된 사람은 주님의 은총 안에서, 하나님의 말씀 안에서 자기의 즐거움을 찾은 사람입니다. 길을 걸어갈 때 어떻게 걸어가십니까? 걷는 것은 건강에 참 좋습니다. 그러나 어슬렁거리듯 걷는 것은 건강을 챙기는 것과는 아무 상관 없습니다. 사냥꾼이 주변을 살피며 목표물을 향해 내닫듯이 걸어야 합니다. 그렇게 걷기를 열망해야 합니다. 건강은 그 열매로 주어집니다. 주님의 교훈을 걷는 것도 마찬가지입니다. 야훼 하나님의 가르침 안에서 자신의 즐거움을 찾기에 열과 성을 다해야 합니다. 그런 자가 복된 사람입니다. 영적으로 건강한 사람입니다. 세상에서도 강건한 사람입니다.

복 있는 사람이 하는 일은 무엇입니까? 야훼 하나님의 가르침을 밤낮으로 읊조리는 것입니다. 여기 나오는 밤낮이란 말을 단순히 시간적인 개념으로만 받아들일 필요는 없습니다. 밤은 어두운 때입니다. 낮은 밝은 때입니다. 밤은 시련의 때입니다. 낮은 성공의 때입니다. 밤은 슬플 때입니다. 낮은 기쁠 때입니다. 그러니까 밤낮으로 하나님의 교훈을 읊조린다는 것은 슬플 때나 기쁠 때나 언제든지 하나님의 가르침을 읊조린다는 뜻이 됩니다.

"읊조린다"(하가, הגה)는 말을 우리말 성경은 "묵상하다"로 번역해 놓았습니다. 그러나 이 읊조린다는 말은 소나 양 같은 초식동물들의 되새김질에 견주어 생각해야 합니다. 소는 한 번 삼켰던 짚을 틈만 나면 늘 되새김질합니다. 읊조리는 것은 다시 먹는 것입니다. 되새김질하는 것입니다. 하나님의 말씀은 읽는 것이 아닙니다. 듣는 것도 아닙니다. 먹어야 합니다. 먹고, 또 먹어야 합니다. 먹고 나서 되새김질해야 합니다. 밤낮으로, 병상에서든 건강할 때든, 되새김질해야 합니다. 그런 일을 해야 복된 사람의 자격을 얻을 수 있습니다.

이제 시편 1편은 복 있는 자가 어디에 서 있는지를 풀이합니다(1, 5절). 의인은 죄인의 길에 서지 않습니다(시 1:1). 죄인은 의인의 모임에 서지 못합니다(시 1:5). 선다는 것은 단단한 기초가 있다는 것입니다. 그 기초란 바로 하나님의 교훈을 듣고 깨닫고 새기는 것입니다. 하나님의 토라를 온 마음에 채울 때 사람은 비로소 혼란한 세상에서 신실하게 살아갈 수가 있습니다.

주님의 교훈은 완전하여서
사람에게 생기를 북돋우어 주고,
주님의 증거는 참되어서
어리석은 자를 깨우쳐준다.

주님의 교훈은 정직하여서
마음에 기쁨을 안겨 주고,
주님의 계명은 순수하여서
사람의 눈을 밝혀 준다.

주님의 말씀은 티 없이 맑아서
영원토록 견고히 서 있으며,
주님의 가르침은 참되어서
한결같이 바르다.
주님의 교훈은

금보다, 순금보다 더 탐스럽고,
꿀보다, 송이꿀보다 더 달콤하다(시 19:7-9).

복 있는 사람

이제 말씀을 맺어야 합니다. 누가 복이 있는 사람입니까? 시편 1편은 시편의 출입구입니다. 시편이라는 시집의 현관입니다. 기도와 찬양으로 들어가는 대문입니다. 따지고 보면 성경에서 복 있는 자를 가르치는 말씀이 시편 1편만은 아닙니다. 시편에서도 시편 1편만 복 있는 자를 거론하는 것은 아닙니다. 시편의 매 권마다 복 있는 삶을 가르칩니다. 시편 1권에서는 "주님을 신뢰하여 우상들과 거짓 신들을 섬기지 않는 사람은 복되어라"(시 40:4)고 말합니다. 시편 2권에서는 "주님께서 택하시고 가까이 오게 하시어 주님의 뜰에 머물게 하신 그 사람은, 복이 있는 사람입니다"라고 털어놓습니다(시 65:4). 시편 3권에서는 "주님의 집에 사는 사람은 복됩니다. 그들은 영원토록 주님을 찬양합니다. 주님께서 주시는 힘을 얻고, 마음이 이미 시온의 순례길에 오른 사람들은 복이 있습니다"라고 노래합니다(시 84:4-5). 시편 4권에서는 "공의를 지키는 이들과 언제나 정의를 실천하는 이들은 복이 있다"고 선포합니다(시 106:3). 마지막으로 시편 5권에서는 "야곱의 하나님을 자기의 도움으로 삼고 자기의 하나님이신 주님께 희망을 거는 사람은 복이 있다"고 가르칩니다(시 146:5).

이처럼 시편의 시들은 누가 행복한 사람인지를 줄곧 가르치고 있습니다. 기도와 찬양 속에 무엇이 행복인지를 포개어 놓았습니다. 기도가 없다면 불행한 삶입니다. 찬양이 없는 삶이라면 비극입니다. 서울의 어느 교회가 창립 110주년을 맞았을 때의 일입니다. 1900년에 그 교회가 첫 발걸음을 내디뎠기에 110년을 지내오는 동안 한반도의 격랑을 고스란히 함께 겪어야만 했습니다. 창립 110주년을 돌이켜 보니까 지난 세월에 겪었던 민족의 시련과 아픔이 고스란히 그 교회의 자취로 남았습니다. 그래서 창립 110주년을 기해 지역사회의 주민을 초청해서 기념 음악회를 열었습니다. 그 기념 음악회에서 아리랑 환상곡(Arirang Fantasy)을 연주하였습니다. 그 때 저는 호사스럽게도 오케스트라의 지휘자를 바로 코앞에서 바라보는 자리에 앉아 그 연주를 감상하였습니다.

여러분도 아시듯 아리랑은 우리 민족을 대표하는 음악입니다. 이 곡은 1976년 북한의 전통 국악 현대화에 앞장섰던 예술가 최성환이 우리 민요 아리랑을 환상곡 풍의 관현악곡으로 새롭게 작곡한 음악입니다. 1978년 김홍재가 일본에서 도쿄 스틱필하모닉 오케스트라를 이끌고 지휘자로 데뷔하면서 초연한 곡으로 당시 재일 교포 사회에서 큰 반향을 불러일으킨 곡입니다. 2008년 2월 26일에는 뉴욕필하모니가 평양을 찾아 공연할 때 이 곡을 연주하기도 하였습니다.

아리랑 판타지는 우리 귀에 익숙한 선율로 시작하였습니다. 그러다가 이내 곧 겨레의 수난을 연주하였습니다. 그러면서 수난을 삶의 꽃으로 승화시키는 과정을 표현합니다. 얼마나 그 판타지가 가슴에 와 닿았는지 모릅니다. 곡의 마지막 부분에 가서는 지휘자의 지시를 따라서 온 청중이 다 함께 아리랑을 합창하였습니다. 수천 회중이 다 함께 아리랑을 불렀을 때 온몸에 감동이 밀려왔습니다. 그 음악을 따라 하면서 저는 어느 분이 아리랑은 "알이랑"에서 온 말로 보자고 하신 제안이 떠올랐습니다. "알"은 "엘"(하나님)에서 온 말로 해석해 보자고 거드신 생각이 떠올랐습니다. 그 제안을 따른다면 아리랑(알이랑)은 "하나님과 함께"라는 뜻이 됩니다. 우리말에서 "이랑"은 "누구누구와 함께"라는 뜻이지 않습니까! 생각이 거기에 미치자 아리랑 판타지는 제 마음속을 새삼 파고들었습니다. 단순히 수많은 사람이 아리랑을 함께 불러서 새로운 감동을 받았던 것은 아닙니다. 하나님과 함께 고통과 기쁨의 길을 넘어온 우리네 정서가 커다란 울림을 남기기에 감동을 받았습니다. 누가 행복을 누리는 사람입니까? 하나님과 함께 고개를 넘고 계곡을 걸어 봉우리에 오르는 사람이 진정 복 된 사람이 아니겠습니까! 알이랑(아리랑)의 감격을 시편 119편의 감정으로 고백해 봅니다.

주님,
주님은 나의 분깃,
내가 주님의 말씀을 지키겠습니다.
…

주님,
주의 인자하심이
온 땅에 가득합니다.
주님의 율례를
나에게 가르쳐 주십시오.
…
주님,
주님의 말씀은 영원히 살아 있으며.
하늘에 굳건히 자리 잡고 있습니다.

주님의 성실하심은 대대에 이릅니다.
땅의 기초도 주님께서 놓으신 것이기에,
언제나 흔들림이 없습니다.

만물이 모두 주님의 종들이기에,
만물이 오늘날까지도
주님의 규례대로
흔들림이 없이 서 있습니다(시 119:57, 64, 89-91).

시편 119편은 즉흥적으로 시상이 떠올라 글로 적어간 작품이 아닙니다. 시편에서 가장 긴 절 수를 가진 이 시는 세심하게 뜨개질한 작품입니다.[8] 시편 119편을 읽는 독자는 누구나 이 시가 사유의 열매인 것을 알아채게 됩니다. 흔히 시를 정서와, 철학을 사유와 관련해서 이해합니다만, 시편 119편이 펼치는 시인의 세계는 우리 삶을 성찰하는 봉우리에 해당됩니다. 시편 119편의 봉우리를 오르는 독자는 누구나 창조세계가 하나님의 지시를 따라 존재하듯이 우리 실존도 하나님의 토라가 지탱하고 있음을 깨닫게 됩니다.[9] 시편 119편의 시인은 우리에게 토라를 걸으면서 그런 삶의 봉우리에 오르라고 조언합니다. 토라가 우리를 복된 삶에 이르게 하는 참 길이기 때문입니다. 진리이기 때문입니다. 토라야말로 우리 인생의 견실한 교본이라는 소리입니다. 시인이 털어놓는 토라를 걷는 길은 산상수훈이 가르치는 복(마카리오스, μακαριος)과도 잘 어울립니다. 복은 지니는 것이 아닙니다. 복은 누리는 것입니다.

> 마음이 가난한 사람은 복이 있다. 하늘나라가 그들의 것이다.
> 슬퍼하는 사람은 복이 있다. 하나님이 그들을 위로하실 것이다.
> 온유한 사람은 복이 있다. 그들이 땅을 차지할 것이다.
> 의에 주리고 목마른 사람은 복이 있다. 그들이 배부를 것이다.
> 자비한 사람은 복이 있다. 하나님이 그들을 자비롭게 대하실 것이다.
> 마음이 깨끗한 사람은 복이 있다. 그들이 하나님을 볼 것이다.
> 평화를 이루는 사람은 복이 있다. 하나님이 그들을 자기의 자녀라고 부르실 것이다.
> 의를 위하여 박해를 받은 사람은 복이 있다. 하늘나라가 그들의 것이다(마 5:3-10).

절망으로 가득 찬 세상에서 희망을 가지고 살려면 역설적으로 삶의 비참함을 제대로 인식해야 합니다. 그 속에서 십자가의 길(비아 돌로로사, *Via Dolorosa*)을 걸어야 합니다. 그럴 때 진정 행복한 자가 됩니다. 그럴 때 주님의 은총이 위로가 됩니다. 그럴 때 삶의 신비를 온전히 느낄 수가 있습니다. 기억하십시오, 주님이 주는 평안은 세상이 주는 것과 같지 않습니다(요 14:27).

시편의 들머리 2, 나라가 임하시오며

시편 2편은 1편과 함께 시편의 들머리입니다. 초기 교회가 읽은 필사본 가운데에는 시편 1편과 2편을 따로 구분하지 않고 이 둘을 그냥 첫 번째 시로 부른 것도 있습니다(참조, 행 13:33).[1] 시편 1편과 2편은 시편의 지평선이 어디에 닿아 있는지를 짐작하게 해줍니다. 시편 1편이 시편의 길(토라)에 들어선 자들에게 걸음새의 자세를 잡아준다면, 시편 2편은 그 걸음새의 방향을 일러줍니다. 시편은 우리에게 주님이 다스리는 세계를 일깨워 줍니다. 아니, 세상은 주님의 통치를 드러내는 무대라고 일깨워 줍니다. 그렇지만 현실적으로 세상에는 악한 자들이 많이 있습니다. 악한 자들이 손에 힘을 쥐고 세상을 다스리며 하나님을 거스르고 있습니다. 시편 2편은 그런 현실 앞에서 주님의 나라가 이 땅에 임하기를 바라고 있습니다.

구약의 말씀에서 하나님의 나라가 임하기를 비는 기도가 시편

2편이 처음은 아닙니다. 이스라엘 신앙에서 아주 이른 시기에 기록된 시문 가운데 미리암의 노래(출 15:21b)가 있습니다. 그 미리암의 노래가 "용사이신 하나님"(Divine Warrior)을 노래합니다. 이집트 땅을 벗어난 이스라엘이 추격해 오는 바로 왕의 군마들을 뿌리치고 바다 한가운데를 마른 땅처럼 밟고 건너게 되자 미리암이 나서서 부른 노래입니다. 그 노래에 출애굽의 감격이 진하게 담겨 있습니다.

주님을 찬송하여라.
주님은 그지없이 높으시다.
말과 기병을 바다에 던져 넣으셨다(출 15:21).

미리암이 노래하는 "용사이신 하나님"은 이 세상을 다스리시는 분이 하나님이심을 선언합니다. 하나님의 다스리심을 묘사하는 메타포가 거기에 담겨 있습니다. 이 노래와 짝을 이루는 시가 모세의 노래입니다(출 15:1-18). 미리암의 노래 바로 앞에 나옵니다. 모세의 노래도 출애굽의 하나님을 찬양하기는 마찬가지입니다. 미리암의 노래보다 훨씬 더 장황스럽게 출애굽의 여정을 해설하지만, 그 노랫말의 핵심은 크게 다르지 않습니다. 주님이 용사시라는 것입니다. 주님께서 영원무궁토록 다스리신다는 것입니다(출 15:18). 하지만, 아무래도, 구약의 말씀에서 하나님의 다스리심을 노래하는 글은 단연 시편입니다. 그리고 그런 시편의 세계를 열어젖히는 머리말은 시편 2편입니다.

시온에서 부르는 노래, 하나님의 나라 · 하늘나라

시편은 하나님의 통치로 말문을 엽니다. 그 하나님의 통치를 구현하는 인물이 다윗입니다. 그 하나님의 통치를 실현하는 기관은 다윗이 세운 왕국입니다. 시편 2편이 그것을 보여줍니다. 성서학자들은 시편 2편을 제왕시라고 부릅니다.[2] 하나님의 왕 되심을, 왕은 하나님이 세우신 도구임을 선포하는 시라는 것입니다. 그러나 하나님의 다스리심을 가르치는 시가 제왕시만은 아닙니다. 시편에 수록된 모든 시가 – 그것이 탄원이든 찬양이든 – 하나님의 다스리심을 전제합니다. 제왕시처럼 하나님의 통치를 정치사회적인 용어로 해설하는 것은 아니지만, 시편의 탄원시나 찬양시도 하나님이 주(主)가 되심을 고백하기는 마찬가지입니다.

시편의 들머리(1, 2편)에 짝을 이루는 시편의 마무리는 시편 149–150편입니다. 재미있는 것은 시편 1편과 150편을 빼고 보면, 전체 시편의 첫머리(2편)와 마무리(149편)가 하나님이 시온 산에 왕을 세웠다는 사실을 이구동성으로 노래하고 있다는 사실입니다. 시편을 펴놓고 살펴보십시오. 그 첫 감격이 무엇입니까? 그 끝 여운이 무엇입니까?

내가 나의 거룩한 산 시온 산에
나의 왕을 세웠다 하신다(시 2:6).

이스라엘아,
창조주를 모시고 기뻐하여라.
시온의 주민아,
너희의 임금님을 모시고 큰 소리로 즐거워하여라(시 149:2).

시편의 처음과 끝은 이스라엘의 왕도에 대한 예찬입니다. 시온 산에 수립된 왕정통치에 대한 확신입니다. 현재 우리가 읽는 시편은 그 처음과 끝자락에서 거룩한 산 시온에 자리 잡은 이스라엘의 왕도(王道)를 노래하고 있습니다. 이런 짜임새를 가리켜 문예적으로는 고리구조(*inclusio*)라고 부릅니다. "인클루지오"란 책의 앞뒤를 수사학적으로 연결시키는 방법입니다. 더불어 읽으라는 표시입니다. 표지로 삼으라는 충고입니다. 그런 틀에서 본다면 시편의 시들은 모두 하나님이 통치하시는 나라를 이야기하는 언어입니다.

주목할 것은 시편에서 제왕시로 간주되는 시가 토라시 옆에 나란히 병렬되어 있다는 사실입니다. 시편에서 토라시(시 1, 19, 119편) 옆에 제왕시(시 2, 18, 20-21, 118편)가 나란히 놓여 있다는 사실은 자못 의도적입니다.[3] 토라시와 제왕시가 더불어 시편의 뼈대를 이루고 있다는 것입니다. 이런 관점에서 보면 토라가 제시하는 길은 다른 사람이 아닌 왕 된 자가 걸어가야 하는 길입니다. 왕위에 오른 자는 토라가 일깨워 주는 하나님의 뜻을 펼치는 삶을 실천해야 한다는 것입니다. 이런 식으로 시편은 토라를 따르는 신앙과 하나님의 통치를 바라는 소망을 짝으로 소개하고 있습니다. 심지어 토라신앙과 하나님의 통치를 더불어 바라는 시편 기자의 희망에는 신명기가 피력했던 왕도(신 17:14–20)가 담겨 있다고 주장하기까지 합니다.[4)]

> 주 당신들의 하나님이 주시는 그 땅에 들어가서 그 땅을 차지하고 살 때에, 주위의 다른 모든 민족같이 당신들도 왕을 세우고 싶다는 생각이 들거든, 당신들은 반드시 주 당신들의 하나님이 택하신 사람을 당신들 위에 왕으로 세워야 합니다. … 왕이라 해도 군마를 많이 가지려고 해서는 안 되며, 군마를 많이 얻으려고 그 백성을 이집트로 보내서도 안 됩니다. … 왕은 또 많은 아내를 둠으로써 그의 마음이 다른 데로 쏠리게 하는 일이 없어야 하며, 자기 것으로 은과 금을 너무 많이 모아서도 안 됩니다. 왕위에 오른 사람은 레위사람 제사장 앞에 보관되어 있는 이 율법책을 두루마리에 옮겨 적어, 평생 자기 옆에 두고 읽으면서, 자기를 택하신 주 하나님 경외하기를 배우며, 이 율법의 모든 말씀과 규례를 성심껏 어김없이 지켜야 합니다. … (신 17:14–20).

이스라엘의 왕도를 한마디로 요약하면 무엇이 될까요? 그것은 아마도 "왕위에 오른 사람은 레위사람 제사장 앞에 보관되어 있는 이 율법책을 두루마리에 옮겨 적어 평생 자기 옆에 두고 읽으면서 자기를 택하신 주 하나님 경외하기를 배우며 이 율법의 모든 말씀과 규례를 성심껏 어김없이 지켜야 합니다"(신 17:19)라는 말로 요약할 수 있습니다. 시편의 시들은 이구동성으로 하나님의 통치를 기대합니다.[5] 그 하나님의 통치를 이 땅에 이루는 대리자가 시온에 세운 왕입니다. 시온의 왕은 하나님의 뜻을 맡은 청지기입니다. 그 청지기의 사역을 통해서 하나님의 다스리심을 소망합니다. 하나님의 왕 되심을 기대합니다. 시편의 다섯 권 가운데서도 시편 1-3권이 그런 소망을 강하게 피력합니다. 그런 염원을 밝히는 모양새가 시편 제1권의 처음(시 2편)과 제3권의 끝(시 89편)으로 나타났습니다. 앞으로 좀 더 살펴보겠습니다만 시편 제1-3권은 다윗 왕조가 겪은 역사를 시어로 재해석한 글로도 읽을 수 있습니다. 그러니까 시편 제1, 2, 3권을 한 권씩 차례대로 읽다가 보면 하나님과 맺은 언약에 따라서 출발하였던 다윗 왕조가 걸어갔던 길이 어떤 것이었는지를 반추하게 됩니다. 이스라엘왕국에 대한 기대가 물거품이 되면서 다윗 왕에게 걸었던 소망이 종말론적인 소망으로 대체되는 흐름을 느낄 수 있습니다.[6] 그런 맥락에서 본다면 시편 제4-5권은 하나님의 통치를 바라는 새 노래에 해당됩니다.

구약성경에는 하나님의 나라나 하늘나라라는 용어는 나오지 않습니다. 대신 하나님의 통치나, 하늘에 계신 하나님을 말합니다. 하나님의 나라나 하늘나라라는 용어는 신약의 복음서에 자주 등장합니다. 마태복음은 하늘나라(天國)를 선호하고 마가복음이나 누가 복음은 하나님의 나라를 자주 거론합니다. 하늘나라와 하나님의 나라 사이에 차이가 있는 것은 아닙니다. 이 두 용어는 모두 같은 실체에 대한 서로 다른 두 표현입니다. 주목할 것은 시편의 제왕시에서 하나님의 나라, 하나님의 통치, 하늘나라가 구현되는 구체적인 현장이 다름 아닌 시온이라는 사실입니다. 하늘의 하나님이 이 땅에서 온 세상을 다스릴 때 그 수도를 예루살렘으로 삼았다는 소리입니다. 그래서 제왕시는, 다른 말로는, 시온의 노래나 시온을 위한 노래가 됩니다.

시편 1, 2편을 하나로 읽기

시편에 나오는 처음 두 시는 하나로 읽어야 합니다. 아니, 하나로 읽도록 배정되어 있습니다. 시편 1, 2편은 서로 하나로 뭉쳐 전체 시편을 조망하게 하는 서시 역할을 합니다. 이 두 시가 모두 표제를 갖고 있지 않다는 점에 주목하십시오. 시편의 제1, 2, 3권에 나오는 시들이 대부분 표제를 갖고 있지만, 시편 1편과 2편은 그렇지 않습니다. 시편 1, 2편은 시편 3편부터 시작되는 시들과는 그 어조나 형식에서도 크게 대조를 이룹니다.

시편 1편에서 2편까지를 쭉 읽으면 시편의 서시가 "복 있는 사람은"으로 출발해서 "복을 받을 것이다"로 끝난다는 것을 알 수 있습니다.

복 있는 사람은 악인의 꾀를 따르지 아니하며(시 1:1a)

주님께 피하는 자는 모두 복을 받을 것이다(시 2:12b).

시편 1-2편이 "복 있는 사람"(아쉬레 하이쉬, אַשְׁרֵי הָאִישׁ)으로 시작해서 "복을 받을 것이다"(아쉬레 콜-호세 보, אַשְׁרֵי כָּל־חוֹסֵי בוֹ)로 끝난다는 것은 이 두 시를 하나로 연결해서 읽게 만드는 문예적 장치입니다. 시편의 서시는 의도적으로 "복 있는 사람"으로 시작해서 "복 있는 사람"으로 끝나고 있습니다. 히브리어로 말한다면, 아쉬레로 시작해서 아쉬레 문장으로 끝나는 방식을 지니고 있습니다.

시편의 처음 두 시를 더불어 읽으면 누가 복 있는 사람인지를 새삼 곱씹게 됩니다. 무엇이 복인지를 다시 되새기게 됩니다. 얼핏, 시편 2편을 1편의 연장으로 읽기에는 어려울 수도 있습니다. 시편 2편은 1편과는 달리 왕정제도에 대해서 거론하기 때문입니다. 시편 2편의 글말이 1편과 그 분위기에서 차이가 나는 것은 사실입니다. 그러나 곰곰이 들여다보면 시편 1편이 가르치는 의인이 시편 2편이 말하는 하나님이 세우신 왕인 것을 어렵지 않게 간파하게 됩니다. 시편 1편에서 복 있는 사람은 "시냇가에 심은 나무"와 같습니다(시 1:3). 그 복 있는 자가 시편 2편에서는 "거룩한 산 시온에" 왕으로 "세운" 사람으로 나타납니다(시 2:6). 시편 1편에서 "철 따라 열매를 맺으며 그 잎이 시들지 않는"(1:3) 사람은 시편 2편에서는 "뭇 나라를 유산으로" 받게 됩니다. 시편 1편이 말하는 의인이 시편 2편에서는 왕으로 세워진 하나님의 아들로 구체화되고 있다는 것입니다.[7)] 지리적인 시냇가가 역사적인 시온 산으로 구체화되고 있다는 것입니다. 시편 1편과 2편의 연결은 여기에서 그치지 않습니다. 시편 1편에서 복 있는 자는 주님의 토라를 "묵상하는"(하가, הגה) 사람이지만, 시편 2편에서 "생각하는" – 새번역에서는 "(음모를) 꾸미는(하가, הגה)" – 자는 악한 자들입니다. 똑같은 히브리어 단어를 서로 다른 의미의 영역에서 1편과 2편이 이어가고 있습니다.

시편 1편이 말하는 것은 글자 그대로 개인적인 일상에서 경험하는 의인의 길과 악인의 길입니다. 시편 2편은 이것을 가지고 의로운 길을 걷는 주님이 선택한 왕과 악인의 길을 따라가면서 주님을 거스르는 세상의 왕들로 구분해서 말합니다. 그만큼 정치적입니다. 시편 1편은 의와 악의 문제를 한 개인의 차원에서 다뤘습니다. 시편 2편은 누가 의인인지, 누가 악인인지를 정치·사회적 차원에서 다루고 있습니다. 그것을 이렇게도 바꾸어 말할 수 있습니다. 시편 2편은 시편 1편의 일반적인 교훈을 역사적인 용어로 바꾸어서 설명하고 있다고.[8)] 시편 1편이 펼치는 하나님의 사람이 걸어가야 할 길을 역사적인 용어로 바꾸어 설명하면서 그 길을 걷는 구체적인 모델로 경건한 왕으로 제시하고 있다고.

시편 1편과 2편은 동전의 양면과도 같습니다. 시편 1편이 거론하는 행복한 자의 일상은 시편 2편이 다루는 왕이 다스리는 세상에서 전개됩니다. 왕이 다스리는 세상 속에서 어떻게 살아야 참되게 사는지를 일깨워 준다는 점에서 두 시 모두 다 행복(아쉬레!)에 이르는 길을 일깨워 주고 있다고 말할 수 있습니다. 시편 1편을 여는 첫 글자가 "아쉬레"이고 시편 2편을 마무리하는 문장도 "아쉬레"로 시작한다는 앞선 관찰도 이런 생각을 북돋우어줍니다.

시편 2편은 1편이 연 말문을 고스란히 이어갑니다. 시편 2편의 첫 마디는 1편의 끝마디에 이어서 연결됩니다. 하나님이 내리신 판결에 이의를 제기하는 악한 자들의 모습이 그 안에 고스란히 담겨 있습니다.

> 그렇다.
> 의인의 길은 주님께서 인정하시지만
> 악인의 길은 망할 것이다(시 1:6).

> 어찌하여 뭇 나라가 술렁거리며,
> 어찌하며 뭇 민족이 헛된 일을 꾸미는가?(시 2:1)

시편 1편의 끝마디는 판결문입니다. 악인의 길에 대한 하나님의 단호한 판단이 거기에 서려 있습니다. 시편 2편의 첫 문장은 그 판결에 대한 반어법적인 질문입니다. 1편의 끝에 소개된 하나님의 판결을 놓고 악한 자들이 벌이는 반응을 소개합니다. 하나님께서 의인의 길과 악인의 길을 정해 놓으시자, 그리고 그 악인의 길에 대해서 엄한 판결을 내리시자, 악한 뭇사람들이 술렁거리면서 들고 일어나서 하나님을 향해 헛된 일을 꾸미려고 한다는 것입니다. 시편 1편이 악한 자들에게 "한낱 바람에 흩날리는 쭉정이와" 같아서 "심판을 받을 때에 몸을 가누지 못하게" 된다고 하자(1:4-5), 2편에서는 악한 자들이 서둘러 일어나서 하나님이 하시려는 일에 맞서고자 합니다(2:2). "몸을 가누지(쿰, קום) 못한" 자들이, 문자적으로는 "일어서지" 못한 자들이, "나서서"(히트야체브, התיצב), 문자적으로는 "들고 일어나서", 하나님의 판결에 저항하고 있습니다. 그들이 하나님께 저항하는 내용이 무엇입니까? 어떻게 하나님의 판결에 대들고 있습니까?

들고 일어난다,[9] 세상의 군왕들이
통치자들이 모여 음모를 꾸민다,
주님을 거슬러서, 주님이 기름 부으신 이를 거슬러서.

우리,[10] 이 족쇄를 벗어 던지자,
우리, 이 사슬을 끊어 버리자(시 2:2-3, 사역).

시편 2편에서 악한 자들은 하나님이 내리신 판결을 자기들을 속박하는 족쇄나 사슬로 판단하고 있습니다. 그래서 그것을 벗어 던지자고, 끊어 버리자고 선동하고 있습니다. 그런 모습에 대한 하나님의 반응이 바로 하나님의 웃음입니다. 아니, 비웃음입니다.

하늘 보좌에 앉으신 이가 웃으신다.
내 주님께서 그들을 비웃으신다(시 2:4).

하늘에 계신 이가 악한 자들을 향해 털어놓은 비웃음은 악한 자들이 꾸민 음모에 대한 하나님의 반응입니다. 시편 2:4가 말하는 하나님의 비웃음은 시편 2:1-3에서 보았던 악한 자들의 음모에 대한 하나님의 반응입니다. 그 반응의 결론이 시편 2편의 마지막 구절(2:12)입니다. 그 마지막 구절에서 시편 2편은 시편 1:6에서 다짐하였던 악한 자에 대한 심판을 다시 한 번 확인하게 됩니다.

그의 아들에게 입맞추어라.
그렇지 않으면 그가 진노하실 것이니,
너희가 걸어가는 그 길에서 망할 것이다.
그의 진노하심이
지체 없이 너희에게 이를 것이다(시 2:12a).

그렇다. 의인의 길은 주님께서 인정하시지만,
악인의 길은 망할 것이다(시 1:6).

세상에는 복된 자도 있고, 그렇지 못한 자도 있습니다. 하나님이 세상을 다스리신다고 고백하는 사람이 있는가 하면, 도대체 세상사를 간섭하시는 주님이 어디 있느냐고 조롱하는 무리도 있습니다. 주어진 길은 하나입니다. 생명에 이르는 길은 하나입니다. 화평에 이르는 길은 하나입니다. 행복에 이르는 길은 하나입니다. 이 길을 찾아서 걷는 삶은 왕이라고 해서 예외가 아닙니다. 아니, 왕이기에 더욱 이 길을 찾아 나서는 자가 되어야 합니다. 하늘의 길이 왕도(王道) 속에 열려야 합니다. 왕이 개척하는 이 땅의 올레길, 둘레길에 하나님의 뜻이 담겨야 합니다. 이런 맥락에서 열방의 군왕들에게 악한 길을 버리고 복 된 길로 들어서라고 촉구하는 시편 2편의 가르침은 시편 1편의 지평과 연결되어 있습니다. 그렇습니다. 토라의 길을 걸을 때 시온의 왕은 주 하나님의 종이 됩니다. 주님께 피신하는 사람은 모두 복을 받을 것입니다(시 2:12b).

해를 품은 달처럼

시(詩)는 시(時)라는 소리가 있습니다.[11] 시에는 어떤 시간감이 담겨 있다는 것입니다. 시를 시가 되게 한 시대가 있다는 이야기입니다. 시를 시로 읽어가게 하는 상황이 있다는 이야기입니다. 그 시간감을 시의 리듬으로 맞출 때 연이 바람 타고 하늘로 솟구치듯이 시를 생동감 있게 느낄 수 있다는 것입니다. 시편 2편의 읽기가 바로 그러합니다. 하나님이 다윗에게 주신 약속(언약)을 시편 2편의 리듬으로 삼을 때 시 읽기의 즐거움이 배나 더하게 됩니다.

시편 2편은 이 땅에 수립된 하나님의 주권을 노래합니다. 시온

산에 세운 왕을 통해서 하나님이 펼치시려는 세상의 풍경이 여기에 담겨 있습니다. 이 풍경을 이루는 밑그림은 하나님이 다윗과 세우신 언약입니다.

> 네 집과 네 나라가 내 앞에서 영원히 이어 갈 것이며, 네 왕위가 영원히 튼튼하게 서 있을 것이다(삼하 7:16).

사무엘하 7:5-16은 하나님이 다윗에게 다윗 왕조를 영원토록 튼튼하게 해주겠다는 약속입니다. 이 약속은 무조건적인 약속입니다. 다윗의 집안을 왕조로 세우시겠다는 하나님의 약속은, 그러기에, 은총입니다. 그 은총 속에 하나님의 기대가 담겨 있습니다. 마치 해를 품은 달처럼 시온 산에 자리 잡은 이스라엘 왕국이 하나님의 통치를 제대로 구현하기를 바라는 것입니다. 정의와 공평이 고루 온 누리에 실현되기를 바라는 것입니다. 시온 산에 세워진 왕을 하나님이 아들로 삼았다는 시편 2편의 노래는 그런 맥락에서 수렴됩니다.

이상적인 왕정에 대해서 말하기는 시편 1편도 다르지 않습니다.[12] 시편 1편의 토라도 하나님의 나라의 단면을 보여주기에 부족하지 않습니다. 시편의 서시에 해당되는 시편 1편이나 2편은 모두 누가 바른 사람인지, 누가 제대로 된 지도자인지, 누가 올곧은 통치자인지를 가르쳐 주고자 합니다. 시편 1편이 그리는 의인이 시편 2편에서는 하나님이 시온 산에 세운 왕으로 오버랩 되고 있습니다.

그러니 굳이 시편 1편을 토라시로, 시편 2편을 제왕시로 구분해서 읽지 않아도 됩니다. 의로운 자의 길은 하나님이 인정하십니다. 그러나 악한 자의 길은 하나님이 깨뜨리시고야 맙니다.

내게 청하여라
뭇 나라를 유산으로 주겠다.
땅 이 끝에서 저 끝까지
너의 소유가 되게 하겠다.

네가 그들을 철퇴로 부수며,
질그릇 부수듯이 부술 것이다(시 2:9).

시편 2편에는 악한 자가 판을 치는 세상이 결코 오래가지 않을 것이라는 믿음이 서려 있습니다. 질그릇이 쉽게 부서지고 말듯이 악한 자의 세상도 머지않아 망가지고 말리라는 기대가 거기에 담겨 있습니다. 시편 2편이 다짐하는 이 같은 확신은 시편 2편과 짝을 이루는 시편 149편에서도 고스란히 반복됩니다.

성도들의 입에는
하나님께 드릴 찬양이 가득하고
그 손에는 두 날을 가진 칼이 들려 있어

뭇 나라에게 복수하고
뭇 민족을 철저히 심판한다.

그들의 왕들을 족쇄로 채우고,
고관들을 쇠살로 묶어서

기록된 판결문대로 처형할 것이니
이 영광은 모든 성도들의 것이다.
할렐루야(시 149:6-9).

시편 2편이 말하고자 하는 것은 분명합니다. 세상에는 악인들이 많이 있지만, 세상의 통치자는 악한 자들이 대부분이지만, 하나님은 우리에게 의인의 길에 들어설 것을 촉구하고 계신다는 사실입니다. 그 일을 바로 이루기 위해서 하나님은 시온에 하나님의 대리인으로 왕을 세우십니다. 시온의 왕좌에 오른 왕은 그 하나님의 뜻을 제대로 펼쳐야 합니다. 세상의 모든 사람으로 하여금 "두려운 마음으로 주님을 섬기고, 떨리는 마음으로 주님을 찬양하게" 하는 통치를 해야 합니다. 이런 식으로 시편은 세상을 다스리는 주체가 땅에 있는 군주들이 아니고 하늘에 계신 주님이라는 것을 분명히 합니다. 그 하나님의 통치를 이 땅에 실현하는 도구가 바로 다윗과 그 후손입니다.

시편 2편의 맛은 다윗의 자손 가운데 누군가가 왕위에 오를 때 모두가 모여 함께 되뇌고 낭송하던 시로 읽으면 더 살아납니다. 시(詩)가 시(時)가 되는 것이지요. 시편 2편을 교창 형식으로 읽어보십시오. 한쪽에는 왕이 있고, 그 옆에는 신하들이 있으며, 그 마주 보는 쪽에는 왕에게 기름을 붓는 하나님의 사람이 있다고 연상해 보십시오. 아니면, 한쪽에는 이제 막 왕위에 오르는 사람이 있고, 한쪽에는 그를 왕좌에 앉히려는 제사장과 예언자가 서 있으며, 다른 한쪽에는 왕의 즉위식에 참석한 청중들이 있다고 생각해 보십시오. 이렇게 사람들이 몇 부류로 나뉘어 서로 교창형식으로 주고받으면서 외치는 말글이 시편 2편일 수가 있습니다. 가령 예언자나 제사장이 "어찌하여 뭇 나라가 술렁거리며, 어찌하여 뭇 민족이 헛된 일을 꾸미는가?"(시 2:1)라고 운을 떼면 청중이 세상 군왕들의 소리를 흉내 내면서 "이 족쇄를 벗어 던지자. 이 사슬을 끊어 버리자"고 소리치게 되고(시 2:2-3), 그러고 나면 왕에게 기름을 부으려는 자가 목청껏 외치게 된다는 것입니다.

하늘 보좌에 앉으신 이가 웃으신다.
내 주님께서 그들을 비웃으신다.

마침내 주님께서 분을 내고 진노하셔서,
그들에게 호령하시며 이르신다.

"내가 시온에

나의 거룩한 산에 '나의 왕'을 세웠다."

나 이제 주님께서 내리신 칙령을 선포한다.
주님께서 나에게 이르신다.
"너는 내 아들,
내가 오늘 너를 낳았다.

내게 청하여라. 뭇 나라를 유산으로 주겠다.
땅 이 끝에서 저 끝까지 너의 소유가 되게 하겠다.

네가 그들을 철퇴로 부수며, 질그릇 부수듯이 부술 것이다"(시 2:4-9).

여기에서 눈여겨보아야 할 대목이 "내가 시온에, 나의 거룩한 산에 '나의 왕'을 세웠다"는 구절입니다(시 2:6). 시편 2:6에서 "내가 세웠다"로 번역된 히브리어(나삭티, נסכתי)는 2:7에 나오는 "내가 너를 낳았다"(얄라드, ילדתיך)는 말의 동의어로 읽어야 합니다.[13] 부모가 자식을 낳듯이 하나님이 이스라엘 민족에게 왕을 주셨다는 것입니다. 거기에는 두 가지 의미가 서려 있습니다. 그만큼 시온의 왕과 하늘의 왕 관계가 인격적이라는 것이고, 하늘의 왕이 시온에 땅의 왕을 세우시기까지 산고(産苦)가 심했다는 것입니다. 그렇게 어렵사리 하나님이 세운 왕이 이 땅에 등장하게 되었기에 세상의 군왕들은 그를 따르지 않으면 안 됩니다. 시편 2:10-12가 종결짓는 시편 2편의 마지막 마디는 예언자가 내는 소리일 수도 있습니다. 아니면 제왕의 즉위식에 참여한 모든 자가 함께 외치는 가락일 수도 있습니다.

그러므로 이제, 왕들아
지혜롭게 행동하여라.
세상의 통치자들아,
경고하는 이 말을 받아들여라.

두려운 마음으로 주님을 섬기고,
떨리는 마음으로 주님을 찬양하여라.

그의 아들에게 입 맞추어라.
그렇지 않으면 그가 진노하실 것이니,
너희가, 걸어가는 그 길에서 망할 것이다.
그의 진노하심이 지체 없이 너희에게 이를 것이다.

주님께로 피신하는 사람은 모두 복을 받을 것이다(시 2:1-12).

뜻이 하늘에서 이룬 것 같이

시편의 세계는 다윗 왕이 다스리던 왕국시대를 배경으로 살필 수 있습니다. 시편에 수록된 어떤 형식의 시도 하나님이 다스리시는 세계에 대한 염원에서 벗어나지 않습니다. 적어도 시편 1-3권에서는 다윗왕국에 대한 기대가 진솔하게 펼쳐집니다. 그러다가 그 기대가 실망으로 바뀌면서 다윗왕국을 대체하는 하나님의 통치를 기다리게 됩니다. 그러면서 시편 4-5권의 분위기가 차츰 현실에서 이상으로, 오늘에서 종말론으로 넘어가게 됩니다. 시편의 세계는 그만큼 다윗 왕국의 실패와 시련에 대한 반성이 강합니다. 그런 세계에 입문하려는 자에게 시편 2편은 일종의 길잡이에 해당됩니다.

시편 2편의 무대는 땅과 하늘입니다. 드라마의 소재는 누가 세상을 다스리는가, 입니다. 땅을 대표하는 세력은 세상의 군왕들입니다. 그들이 음모를 꾸밉니다. 헛된 일을 도모합니다(시 2:1-3). 주님의 다스리심에 집단적으로 반기를 듭니다. 악한 자를 향한 하나님의 계획을 뒤집어엎으려고 합니다. 그럴 때 하늘의 소리가 시온에서 울려 퍼집니다(시 2:4-6, 7-9). 그 소리의 색깔이 하나님의 비웃음입니다(시 2:4). 사람들이 작당하고서 하늘 향해 뽐내는 힘자랑을 보면서 하나님은 어처구니없다고 웃으십니다. 생각해보십시오. 사람이 만든 무기가 아무리 드센들 하나님의 숨을 당할 수 있겠습니까? 사람들이 이룬 군대가 아무리 막강한들 천지의 조화를 당할 수 있겠습니까? 그런 악한 무리 앞에 하나님이 보란 듯이 선포하십니다.

내가 나의 거룩한 산 시온 산에
'나의 왕'을 세웠다.

내가 오늘 너를 낳았다(시 2:6, 7).

시온은 하나님 정부(政府)가 도성으로 삼은 곳입니다. 시온에는 주님이 기름 부어 세우신 왕이 있습니다. 시온은 우주의 배꼽입니다. 시온은 정치적으로는 유다의 도성 예루살렘입니다. 하늘의 하나님이 시온과 소통하십니다. 시온에서 하나님이 선포하십니다. "내가, 나의 거룩한 산 시온에, 나의 왕을 세웠다!(시 2:6) 너는 내 아들, 내가 오늘 너를 낳았다!(시 2:7)" 이제 세상의 군왕들이 망하지 않고 사는 길은 하나밖에 없습니다. 야훼 하나님을 경외하는 것입니다(시 2:11). 주님이 세우신 왕 앞에 무릎을 꿇는 것입니다. 그래서 외치는 소리가 이것입니다.

주님께로 피신하는 사람은
모두 복을 받을 것이다(시 2:12b).

예수님이 가이사랴 빌립보 지방에 이르렀을 때 제자들에게 물으셨습니다(마 16장). 가이사랴 빌립보는 일종의 신도시입니다. 예나 지금이나 신도시에는 비교적 넉넉한 사람들이 모여 삽니다. 더구나 그곳에는 로마황제의 주상이 거리에 길게 늘어서 있습니다. 이런 지방에 들어서면서 예수님이 제자들에게 말 걸기를 하신 것입니다. "사람들이 인자를 누구라고 하느냐?" "너희는 나를 누구라고 하느냐?" 시몬 베드로가 대답하였습니다. "주는 그리스도시요 살아 계신 하나님의 아들입니다." 그리스도란 말은 메시아입니다. 기름 부음을 받은 자입니다. 왕입니다. 베드로를 따라 다른 제자들도 그렇게 생각하게 됩니다. "주님은 왕이시다, 주님이 세상을 다스리신다!"

가이사랴 빌립보의 고백 이후 예수님은 예루살렘에 오르는 길에 나서게 됩니다. 왕 되시는 길에 오르게 됩니다. 이때부터 예수님은 모두 세 번에 걸쳐 십자가의 죽음과 부활을 예고하십니다. 그러나 제자들은 그 예고에 관심이 없었습니다. 그들은 오로지 왕좌에 오르시는 주님의 좌우편에 누가 앉느냐는 것에만 혈안이 되어 있었습니다(마 20:20-21). 주님이 다스리신다는 말을 오해한 것입니다. 오해도 이만저만이 아닙니다. 주님의 뜻과는 상관없이 오로지 자기들의 욕심만을 늘어놓고 맙니다. 주님의 뜻이 우리를 통해서 이루어져야 하는데, 우리의 뜻이 주님을 통해서 이루어지기를 소망하였습니다. 그래서 문제가 터졌습니다.

주님이 다스리신다는 말은 제대로 이해되어야 합니다. 누가 이 땅에 진정 주 하나님의 통치를 구현할 수 있습니까? 시편 2편의 언어로 말하면 칼의 사람이 변하여 말씀의 사람이 되면 가능합니다. 처음에는 시온에 세워진 다윗의 왕권이 그 역할을 감당하였습니다. 그러나 역사적으로 볼 때 다윗의 왕권은 미완성으로 끝난 실험이었습니다. 이제는 다윗의 참 자손이 와야 합니다. 메시아가 오셔야 합니다. 처음 교회가 예수 그리스도에게서 바로 그런 메시아의 모습을 보았습니다. 그래서 사도 바울이 전도여행 중 설교하면서 외쳤습니다.

> 우리는 하나님께서 조상들에게 하신 그 약속을 여러분에게 기쁜 소식으로 전합니다. 하나님께서 예수를 일으키셔서, (조상들의) 후손인 우리에게 그 약속을 이루어 주셨습니다. 시편 둘째 편에 기록한 바 '너는 내 아들이다. 오늘 내가 너를 낳았다' 한 것과 같습니다(행 13:32-33).

예수님은 어떤 왕이십니까? 빌라도는 예수님이 왕이시라는 사실을 자기 머리로는 도무지 이해할 수가 없었습니다. 빌라도의 머리로는 십자가에 달려서 죽게 되는 예수님이, 아무리 생각해 보아도, 유대인의 왕이 될 수 없었습니다.

예수님의 통치는 세상 왕들의 통치와는 다릅니다. 예수님은 자기가 누구인지를 힘으로 드러내지 않으셨습니다. 예수님이 누구신지는 죄 된 인류를 구원하시고자 스스로 걸으신 비아 돌로로사에서 드러납니다. 세상을 정복하는 예수님의 힘은 세상 앞에서는 참으로 무력합니다. 그럼에도 불구하고 예수님은 온 세상의 주님이 되셨습니다.

시편 2편이 노래하는 하나님의 통치가 우리에게 던지는 교훈이 이것입니다. 주님은 우리를 하나님의 통치 아래 살아가도록 초대하셨습니다. 거기에서 진정 하나님의 나라가 펼쳐지게 되는 것입니다. 주님의 다스리심을 실천하는 일꾼이 되십시오. 주님의 토라에 열려 있는 자들이 그런 일을 할 수 있습니다. 주님의 교훈에 순종하는 자들이 그런 일을 할 수 있습니다. 하나님의 통치는 결코 장래에 실현되는 것이 아닙니다. 하나님의 통치는 오늘, 이 자리에서 실현되고 있습니다. 다만 그 완성이 종말로 미루어져 있을 따름입니다.

> 때가 찼다. 하나님의 나라가 가까이 왔다. 회개하고 복음을 믿어라(막 1:14-15).

시편 제1권, 하나님보다 조금 못하게 지음을 받았다지만

시편에는 이스라엘의 과거를 기억하고 현재를 진단하며 미래를 조망하는 소리가 담겨 있습니다. 왕국시대 이후 바빌론 포로기를 거쳐 새로운 신앙공동체로 다시 부상하기까지 이스라엘이 다져야 했던 믿음이 무엇이었는지를 시어로 듣게 합니다.[1] 시편 제1권은 "제1권"이라는 위상에 걸맞게 이스라엘 신앙에서 주춧돌에 해당되는 믿음을 다시 배우게 합니다. 시편 제1권의 시는 시편 전체의 들머리인 시편 1, 2편을 빼고 보면 네 묶음으로 구분되는데(시 3-14, 15-24, 25-34, 35-41편),[2] 각 묶음의 중심에는 창조주 하나님의 솜씨를 기억하게 하는 찬양시가 자리잡고 있습니다(시 8편, 19:1-6, 29편, 36:5-9). 시편 제1권의 바탕인 탄원시 단원마다 그 복판에 찬양시가 버티고 있는 생김새는 이스라엘 신앙의 주춧돌이 창조주 하나님을 믿는 신앙임을 일깨워주고 있습니다. 즉 시편 제1권은 창조주 하나님이 구원의 은총을 베풀어 주시기를 바라는 신앙을 시적인 언어로 다지고 있습니다. 그 지평에서 이스라엘의 왕은 하나님을 높이고 백성을 위하는 위인이어야 함을 공표합니다.

시편 제1권에서 하나님의 백성은 약속의 땅에 들어가 잘 닦여진 왕국시대를 살고 있는 주인공입니다.[3)] 아니, 시편 제1권은 왕국시대 이후 오늘에 이르기까지 하나님의 사람이 두 발을 디디고 살아가야 했던 인생살이의 현주소를 보여줍니다. 거기에는 신앙인의 어제와 오늘과 내일이 하나님의 손안에 있음을 깨닫게 해주는 언어들로 충만합니다. 그런 틀 속에서 시편 제1권은 시인의 기도가 어떻게 이스라엘의 신앙을 변혁시켰는지를 보여줍니다.

탄식하는 인생

시편은 하나님의 백성으로 살면서 겪어야 했던 신앙적 갈등을 언약신앙 안에서 되새기는 시인의 목소리를 들려줍니다. 개인이든, 공동체든, 신앙인들이 살면서 겪게 되는 인생살이의 실체에 주목하고 있습니다. 그 실체가 바로 탄식입니다. 비가(悲歌)입니다.

서시에 이어 시편 제1권은 시편 3편에서 탄원으로 말문을 엽니다. 시편 제1권이 이스라엘 신앙의 정초를 세우면서도 그 밑바탕을 탄원에서 다진다는 것은 자못 시사적입니다.

주님, 어째서 이렇게도 많습니까,
나를 괴롭히는 자들이?
너무나도 많습니다,
나를 넘어뜨리려고 일어서는 자들이(시 3:1, 사역).

시편 3편의 첫마디는 "주님"(야훼, יהוה)으로 시작합니다. 주님의 이름을 부르고 나서 곧장 "어째서 이렇게 많습니까(마-라부, מה־רבו), 나를 괴롭히는 자들이?"라고 따지기 시작합니다. 시편 3편의 첫 문장은 하나님을 향한 거센 호소입니다.

시편 3편에는 "다윗이 그의 아들 압살롬에게 쫓길 때에 지은 시"라는 표제가 붙어 있습니다. 이 표제를 따라 시어를 새긴다면 세상의 모든 대적을 이기고 다스리라는 약속(시 2:6)을 받았던 왕이 시편 3편에 들어서자마자 세상의 대적에게 쫓기는 신세가 되고 말았음을 눈치 채게 됩니다. 그것도 세상 왕이 아니라 자기 자식에게 쫓기고 있습니다. 아들이 아버지를 해치려고 덤비고 있다는 것입니다. 이처럼 시편 제1권의 분위기는 무겁습니다. 시편 제1권이 묘사하는 인생살이는 분노와 고통으로 점철되어 있습니다. 다윗만 그런 것은 아닙니다. 모든 사람이 다 그러합니다. 다윗은 그런 모든 사람의 애환을 대변하는 이미지입니다.

시편 제1권의 소재는 사람입니다. 사람됨입니다. 사람의 바탕이 무엇인지를 이야기합니다. 사람의 근본이 무엇인지를 회상합니다. 바로 창조신앙입니다.

사람이 무엇이기에
주님께서 이렇게까지 생각하여 주시며
사람의 아들이 무엇이기에
주님께서 이렇게까지 돌보아 주십니까?

주님께서는 그를
하나님보다 조금 못하게 하시고
그에게 존귀하고 영화로운
왕관을 씌워 주셨습니다.

주님께서는 손수 지으신 만물을 다스리게 하시고
모든 것을 그의 발아래에 두셨습니다(시 8:4-6).

시는 성찰입니다. 시편 8편은 사람됨의 바탕을 '나는 하나님의 작품입니다'라는 고백에 두고 있습니다. "사람"(에노쉬, אנוש)은 죽을 수밖에 없는 존재입니다(시 8:4a). 그 "에노쉬"가 바로 "아담의 후손"(벤 아담, בן־אדם, 우리말번역에서는 "사람의 아들")입니다. 창조주 하나님이 그런 사람을 하나님보다 조금 못하지만, 모든 만물을 다스리는 위치에 두셨다는 것입니다. 시편 8편은 깊은 기도와 묵상, 끊임없는 자기부정과 자기긍정을 통해서 사람이란 원래 희망찬 존재로 창조되었다는 사실을 되돌아보고 있습니다. 이 되새김의 바탕에는 고통 너머에서 발견한 희망이 깔려 있습니다. 사람이 그 희망의 주인공입니다.

시편 제1권의 시들은 하늘이 하나님의 영광을 드러낸다고 고백합니다(시 19:1). 해와 달과 별을 움직이시는 하나님의 솜씨(시 8:8, 19:2-6)가, 물과 홍수와 산야를 다스리시는 하나님의 위엄(시 29:3-10)이, 바다를 통솔하시는 하나님의 능력(시 33:7)이 하나님의 입에서 선포된 말씀처럼 하나님이 어떤 분이신지를 깨닫게 해준다고 밝히고 있습니다(시 19:7-8).

사람을 향한 희망은 사람들이 종교적인 존재(*homo religiosus*)가 되는 데 있습니다. 사회적이기 이전에, 경제적이거나 정치적이기 이전에, 사람은 종교적인 존재가 되어야 합니다. 그럴 때 인생은 비로소 희망의 주체가 될 수 있습니다. 그런 종교적인 존재를 가리켜 시편은 "의인"이라고 부릅니다. 시편 제1권에서 창조신앙이 토라신앙과 어깨를 나란히 하고 있다는 사실에 주목하십시오. 시편 제1권의 시들은 사람을 향해 하나님을 경외하는 길을 걸으라고 주문합니다(시 25:12). 주님을 피난처로 삼은 사람이 복을 받는다고 소리칩니다(시 34:8). 행복하기를 원한다면, 오래 살기를 원한다면 악을 버리고 선을 붙들어야 하며(시 34:12-14), 주님이 기뻐하시는 길을 걸어야 한다고 타이릅니다(시 37:23). 평화를 사랑하는 사람에게 미래가 있고(시 37:37b), 허수아비 우상에 빠지지 않는 자에게 복이 있다고 말합니다(시 40:4). 이런 소리들은 결국 사람이란 하나님이 정하신 길을 걷는 종교적 존재여야 한다는 것을 일깨워 줍니다. 그 일깨움에서 "생육하고 번성하라"(창 1:28)는 창세기의 소리를 되새기게 되는 것은 우연이 아닙니다.

문제는 그렇게 복되게 살아야 하는 사람들의 현장이 탄식하는 현실이라는 사실입니다. 하나님보다 조금 못하게 지음 받은 인간이지만, 그 인간이 걸어가는 삶의 여정은 거칠고 힘이 드는 길입니다. 세상의 판을 악한 자들이 쥐고 있기 때문입니다.

> 주님, 도와주십시오.
> 신실한 사람도 끊어지고
> 진실한 사람도
> 사람 사는 세상에서
> 사라지고 있습니다.
>
> 사람들이 서로서로
> 거짓말을 해대며
> 아첨하는 입술로
> 두 마음을 품고서 말합니다(시 12:1-2; 참조, 시 10:1-3).

의인이 살아가는 세상은 탄식을 저절로 자아내게 하는 현장입니다. 사람은 나면서 우는 법부터 배우지 않습니까! 사람이 세상에 나면서 제일 먼저 지르는 소리가 울음이지 않습니까! 에덴의 동쪽에서 들린 첫소리는 울부짖음이었습니다(창 4:10). 에덴의 동쪽에서 일어났던 최초의 사건은 살인이었습니다. 그런 까닭에 시편 제1권은 "주님, 나를 대적하는 자들이 어찌 이렇게도 많습니까?"(시 3:1)라는 탄식으로 그 말문을 연 것입니다.

탄식의 능선에서 읽는 시

시편 제1권의 세계는 탄식의 능선에 오르는 길입니다. 탄원시가 빚어놓은 원망과 절규의 능선을 타고 시편의 봉우리를 오르다 보면 인생살이를 성찰하는 안목을 얻게 됩니다. 거친 세파 앞에서 신앙의 본질을 되새기게 합니다. 하나님의 약속의 속내를 돌이켜 보게 합니다.

주님, 어찌하여 주님께서는
그리도 멀리 계십니까?
어찌하여 우리가 고난을 받을 때에
숨어 계십니까?(시 10:1)

주님, 언제까지 나를 잊으시렵니까?
영원히 잊으시렵니까?
언제까지 나를 외면하시렵니까?

언제까지 나의 영혼이

아픔을 견디어야 합니까?
언제까지 고통을 받으며
괴로워하여야 합니까?
언제까지 내 앞에서 의기양양한 원수의 꼴을
보고만 있어야 합니까?(시 13:1-2)

나의 하나님, 나의 하나님
어찌하여 나를 버리십니까?
어찌하여 그리 멀리 계셔서
살려달라고 울부짖는 나의 간구를
듣지 아니하십니까?(시 22:1)

"어찌하여 그리도 멀리 계십니까?" "언제까지 나를 외면하시렵니까?" "어찌하여 듣지 아니하십니까?" 이 통곡들은 모두 마음을 쥐어짜는 언어입니다. 고통 중에 외치는 소리이고, 하나님을 향한 청원이며, 하나님께 대한 저항입니다. 이런 식의 절규가 시편 제1권에서만 나오는 것은 아닙니다. 통곡과 절규로 점철된 기도는 시편에서, 특히 시편 제1, 2, 3권에서, 두루 눈에 띕니다. 그중에서도 시편 제1권이 펼치는 탄식의 능선은 천지창조의 으뜸자리에 앉게 되는 사람이 창조주 하나님에게서 느끼는 거리감에 주목하게 합니다.

탄식과 탄원은 우리를 고통당하는 현장으로 인도합니다. 탄식의 언어는 이스라엘로 하여금 정치적 사건이나 자연적 재해보다 훨씬 더 가슴 졸이는 삶의 비극을 보게 합니다. 그곳은 밤이기도 하고 병상이기도 하며 무덤이기도 합니다.

나의 생명을 노리는 원수들이
나를 둘러싸고 있습니다.
그들의 몸뚱이는
기름기가 번드르르 흐르고
그들의 입은
오만으로 가득 차 있습니다.

그들은 찢을 것을 찾는 사자와 같고
숨어서 먹이를 노리는
기운 센 사자와도 같습니다(시 17:9b-10, 12).

시편에서 고통을 표현하는 단어는 여럿입니다. 고통의 내용도 여럿입니다. 수치심, 가난, 질병, 재난, 전쟁, 죄, 슬픔, 절망, 조롱 등 여럿입니다. 그러나 자세하게 단정할 수는 없습니다. 시인의 언어가 은유적이기 때문입니다. 하지만 무엇보다도 가장 큰 고통은 하나님으로부터 외면받고 있다는 절망감입니다. 구약학자 브루그만(W. Brueggemann)의 말로 하면 "길을 잃어버린 상황"(disorientation)입니다.[4] 시인이 종교적인 존재로 살기에는 무척 곤란한 지경에 빠져 있다는 것을 암시합니다.

다른 사람 이야기가 아닙니다. 바로 우리 이야기입니다. 우리도 살면서 세상 여기저기에 널려 있는 이런저런 돌부리에 채여 넘어지고 다치고 상하게 됩니다. 시편 제1권의 시작(詩作)이 탄원으로 시작(始作)하는 이유가 여기에 있습니다. 사람이 살아가는 현장의 실체를 고통과 시련의 자리로 보는 것입니다. 이런 척박한 자리를 살다 보면, 주님, 왜 이리 힘든 일이 많습니까, 어째서 힘들게 하는 것들이 이리도 많습니까 하고 부르짖게 되어 있다는 것입니다.

탄원은 애가(哀歌)입니다. 애가는 우리 삶을 낯설게 성찰할 수 있는 시야를 제공합니다. 시편 제1권의 탄원시를 읽는 것은 결코 인생을 관조하거나 어떤 지적인 쾌감을 얻기 위해서가 아닙니다. 탄식이 생성되는 자리가 어두운 현실이지만, 그 암담한 현실에서 외치는 탄원은 하나님과 맺은 언약을 새삼 새롭게 하는 통로가 됩니다. 그런 점에서 시인의 애가는 참 신앙을 향한 증언입니다.

메마른 산등성이의 나무를 보십시오. 삶의 터전이 팍팍할수록 나무는 뿌리를 깊이 내립니다. 곧게, 더 곧게, 말없이, 더욱 낮은 곳을 찾아서 뿌리를 아래로 내립니다. 아래로 내린다는 것은 깊어진다는 뜻입니다. 생명의 물을 만나기까지 돌아보되 나아가며, 내리되 깊어지는 것입니다. 깊어져야 삽니다. 탄원은 깊음에서 우러나오는 기도입니다.

의인이 걸어가는 길은 삶의 시련을 비켜가는 우회로가 아닙니다. 시련과 좌절이 있는 자리에서 사람은 하나님이 인정하시는 "그 길"을 찾아서 걸어가야 합니다. "그 길"은 좁은 길입니다. 좁은 문으로 들어가는 길입니다. 진정 복된 사람이 걸어가는 길은 좁은 문으로 들어가는 좁은 길입니다. 그렇습니다. 고통은 기도의 소재입니다. 시련은 기도의 제목입니다. 나희덕 시인이 말하지 않았습니까? 빨래는 얼면서 마른다고.

시인의 속앓이, 세상살이

세상에서 좁은 길을 걷기는 쉽지 않습니다. 좁은 길을 걷다 보면 외롭습니다. 아니, 세상에서 소외되기 일쑤입니다. 그러다 보니 원망하게 됩니다. 하나님을 원망하기도 하고 무기력한 자기 자신을 탓하기도 합니다. 자기를 괴롭히는 악한 자들을 향해서 독설을 퍼붓기도 합니다. 그렇지만 탄원시의 시인은 결코 악한 자들을 피해서 고독한 죽음의 길을 택하지 않습니다. 오히려 절망 속에서도 물러서지 않고, 절망 상태를 철저하게 응시합니다. 그런 도전이 바로 자기 속앓이를 하나님의 법정에다가 호소하는 청원입니다.

나의 하나님, 나의 주님
분발하여 일어나셔서
재판을 여시고 시비를 가려 주십시오.

주님, 나의 하나님

주님의 공의로 나에게
공정한 판결을 내려 주십시오.
그들이 나를 이겼다고 하면서
기뻐하지 못하게 해주십시오.

그들이 마음속으로
"하하 우리의 소원이 이루어졌구나" 하고
고소해하지 못하게 해주십시오.
"드디어 우리가 그를 삼켜 버렸지" 하고
말하지도 못하게 해주십시오(시 35:23-25).

법정에는 원고, 피고가 있습니다. 탄원시의 시인은 어느 쪽입니까? 세상 법정에서 재판받는 사람이 피고석에 앉아 있다면, 그것은 형사재판입니다. 원고석에 있다면, 그것은 민사재판입니다. 탄원시에 묘사된 재판정은 아무래도 민사재판에 가깝습니다.[5)]

하나님의 법정에서 시인은 자기가 당한 아픔을 하나님이 치유해 주시기를 소망합니다. 그래서 손해배상을 청구합니다. 그래서 악한 자들에게 저주를 퍼붓습니다. 하나님이 악한 자들을 심판해 주시기를 간절히 원합니다.

거짓 증인들이 일어나서,
내가 알지도 못하는 일을 캐묻는구나.

그들이 나에게 선을 악으로 갚다니!
내 영혼을 이토록 외롭게 하다니!
그들이 병들었을 때에,
나는 굵은 베 옷을 걸치고,
나를 낮추어 금식하며 기도했건만!
오, 내 기도가 응답되지 않았더라면 더 좋았을 텐데!
…
그러나 정작 내가 환난을 당할 때에.
오히려 그들은 모여서 기뻐 떠들고,
폭력배들이 내 주위에 모여서는
순식간에 나를 치고,
쉴 새 없이 나를 찢었다.
…
주님, 언제까지 보고만 계시렵니까?
내 목숨을 저 살인자들에게서 건져 주십시오.
하나밖에 없는 이 생명을
저 사자들에게서 지켜 주십시오(시 35:12-13, 15, 17).

탄원시에서 시인은 성난 고소인입니다. 시인은 자기를 억울한 처지로 몰아넣은 자를 "거짓 증인", "폭력배", "살인자", "사자"로 부르고 있습니다. 그렇지만 악의 정체에 대해서는 끝내 침묵합니다. 악의 현상만을 거론합니다. 거짓과 폭력과 살생의 현상만을 거론합니다.

『예루살렘의 아이히만』이란 책이 있습니다.[6] 아이히만(Adolf Otto Eichmann)은 제2차 세계대전 당시 600만 유대인을 학살하는 일에 주도적으로 관여하였던 인물로 전쟁 후 아르헨티나에서 숨어 지내다가 1960년 5월 이스라엘의 비밀경찰 모사드에 의해 체포된 사람입니다. 그가 1961년 12월 예루살렘에서 재판을 받았는데, 『예루살렘의 아이히만』은 바로 그 재판과정에서 드러난 악의 정체를 철학적으로 성찰한 글입니다. 아이히만이 체포되기 전 많은 유대인은 그를 인간의 탈을 쓴 악마라고 생각했습니다. 그랬기에 유대인들을 가스실로 보내는 끔찍한 일을 서슴없이 저질렀을 것이라고 단정했습니다. 그러나 아이히만의 재판과정을 지켜본 한나 아렌트(Hannah Arendt)는 그런 선입관을 산산이 부수어 버렸습니다. 아이히만은 잔혹한 악마가 아니라 평범한 옆집 아저씨 같은 사람이었다고 평하였습니다. 당시 아렌트의 글은 유대인들에게 심한 모욕감과 크나큰 상처를 안겨주었습니다. 그러나 돌이켜 보면 아렌트의 글은 악의 소재를 평범한 데서 찾게 만들어 주었습니다.[7] 세상사에 제대로 가치판단을 하지 못하는 사람은 누구나 아이히만처럼 살육자가 될 수 있다는 경각심을 불러일으켜 주었습니다.

탄원시에서 우리는 악한 자가 누구인지를 알지 못합니다. 시인이 거기에 대해서 정확하게 말해 주지 않기 때문입니다. 그러나 시편해석의 미드라쉬에 해당되는 표제를 보면 그 악의 정체에 대한 어떤 힌트를 얻게 됩니다. 그 미드라쉬를 따를 때 시편 3편의 경우,

시인을 파멸로 몰아넣는 악한 자는, 다른 사람이 아닌 자기 자식입니다. 시편 18편의 경우, 다윗을 사냥하는(?) 악한 사람은 다윗의 장인(!)인 사울입니다. 시편 34편의 경우, 다윗을 궁지로 몰아넣는 악한 자는 블레셋 왕 아비멜렉입니다. 무슨 소리입니까? 내 옆에 있던 사람이, 한 때는 내게 친구나 동지였던 사람이, 언젠가 돌연 악한 자로 돌변하여 나를 죽이려고 덤빈다는 것입니다. 친구가 원수가 되어 인생살이를 혼돈한 아수라장으로 몰아가는 현실! 그것이 바로 세상이 아니냐고 경각심을 불러일으켜 주고 있습니다. 형이 동생을 살해하는 현장이 바로 에덴의 동쪽이 아니었느냐고 상기시키고 있습니다. 세상은 악하다는 것입니다. 그런 악한 세상사를 하나님 앞에 호소하고 있습니다.

시인의 분노, 시인의 기도

시편의 탄원은 기도입니다. 하나님께 토로하는 간구입니다. 이 기도의 언어가 격정적입니다. 분노가 서려 있습니다. 하나님을 마구 흔들어 깨울 듯 쏟아놓는 말입니다. 시인의 기도 속에는 내면적인 갈등이 배여 있습니다. 내 속에 있는 나와 다른 사람이 보는 내가 완전히 다르다는 사실에서 시인은 참 많이 억울해합니다.

주님, 언제까지 나를 잊으시렵니까?

영원히 잊으시렵니까?
언제까지 나를 외면하시렵니까?

언제까지 나의 영혼이 아픔을 견디어야 합니까?
언제까지 고통을 받으며 괴로워하여야 합니까?
언제까지 내 앞에서 의기양양한 원수의 꼴을
보고만 있어야 합니까?

나를 굽어살펴 주십시오.
나에게 응답하여 주십시오.
주, 나의 하나님,
내가 죽음의 잠에 빠지지 않게
나의 눈을 뜨게 하여 주십시오.

나의 원수가
"내가 그를 이겼다" 하고 말할까 두렵습니다.
내가 흔들릴 때에,
나의 대적들이 기뻐할까 두렵습니다(시 13:1-4).

시인의 탄원에는 의로우신 재판장을 향한 절규가 담겨 있습니다. 시인에게는 지금 하나님만이 그의 해답입니다. 하나님만이 악한 자를 벌하실 수 있습니다. 하나님만이 시인의 삶에 새로운 지평을 창조해낼 수 있습니다. 시인은 다른 사람이 자기를 향해 내리는 평가를 거부합니다. 세상이 그에 대해서 내리는 어떤 판단도 거부합니다. 대신, 자신에 대한 진정한 평가는 세상이 아닌 하나님만이 내리실 수 있다고 외칩니다. 세상의 판단이 아닌 종교적인 평가(religious justification)에 의존하고자 합니다.[8)] 거기에서 탄식이 기도로 변혁되는 오솔길이 열립니다.

주님, 너그럽게 보시고 나를 건져 주십시오.
주님, 빨리 나를 도와주십시오.

나의 목숨을 앗아가려는 자들이
모두 다 부끄러워하게 하시고
수치를 당하게 해주십시오.
내가 재난 받는 것을 기뻐하는 자들이,
모두 뒤로 물러나서
수모를 당하게 해주십시오.

깔깔대며 나를 조소하는 자들이
오히려 자기들이 받는 수치 때문에
놀라게 해주십시오(시 40:13-15).

시인의 기도는 솔직합니다. 하나님 앞에서 심한 악담을 그 입술에 올리고 있습니다. 시인의 입에서 아무 여과 없이 거칠게 튀어나오는 소리를 들으면서 시인의 표정이 얼마나 처참한지를 상상해 봅니다. 겉으로만 보면 시인은 지금 하나님께 복수를 바라고 있습니다. 그러나 하나님께 위탁하는 시인의 복수는 진정 구원이 어디에서 오는지를 일깨워 줍니다. 하나님의 작품이지만, 사람은, 탄식을 자아내는 현실 속에서 참 연약하기 그지없습니다. 사람이 만든 문화가 시인을 구원할 수 없습니다. 사람이 만든 문명이 시인을 구원할 수 없습니다.

하나님 앞에서 시인이 입술에 올리는 분노와 악담은 심리적인 용어로는 화(火)에 해당됩니다. 시인의 분노가 하나님을 향한 기도 속에 담겨 있습니다. 시인이 기도하면서 하나님 앞에서 상처와 분노를 숨기지 않고 토로하고 있습니다. 이것은 정녕 카타르시스입니다. 심리학적인 카타르시스가 아닙니다. 하나님 앞에서의 카타르시스입니다. 신학적인 카타르시스입니다.[9] 이런 카타르시스를 통해서 시인은 자기 분노를 하나님께 맡기고 있습니다.

화(火 anger)는 품고 있으면 안 됩니다. 터뜨려야 합니다. 그러나 화를 터뜨리는 방식이 문제입니다. 탄원시는 이런 점에서 우리에게 좋은 교훈이 됩니다. 노여움을 하나님께 맡기는 것입니다. 복수를 하나님께 의지하는 것입니다. 겉으로 보기에 복수에 절은 상한 마음 같지만, 그러나 실제로는 가장 비폭력적인 행동입니다. 주님의 뜻이 하늘에서 이루어진 것처럼 땅에서도 이루어지이다라는 바람으로 그것을 읽을 수 있습니다.

하나님이 이스라엘에게 기대하는 것은 "하나님 닮기"(*imitatio Dei*)입니다. 온유한 자가 결국 땅을 차지하고 평화를 누리게 될 것이기에(시 37:11), 우리는 시편 제1권이 펼치는 탄원시의 능선에서 "어쩌다 비틀거려도 주님께서 우리의 손을 잡아 주시니, 넘어지지 않는다"(시 37:24)는 신뢰를 회복하게 됩니다. 하나님의 성품을 구현하지 못한 자는 하나님의 원수입니다. 아무리 시인이 하나님을 믿고 신앙한다고 해도, 하나님의 품성을 그의 일상에서 제대로 체현하지 못한다면, 그도 결국은 시인의 원수와 다를 바가 없습니다. 시인이 하나님 앞에서, 하나님께 토로하는 분노가 실제로 복수로 이어지지 않는 이유가 여기에 있습니다. 시인이야말로 하나님의 인자하심(헤세드, חסד)을 실천에 옮겨야 합니다.

하나님께 복수를 맡기면 상처와 분노는 용서와 긍휼이 되어 돌아옵니다. 그것은 마치 십자가의 고통이 부활의 찬양으로 바뀌는 것과도 같습니다. 그러기에 탄원시가 쏟아놓는 복수를 바라는 기도는 우리의 약함과 유한함을 하나님께 맡기게 하는 교실입니다. 탄원시의 울부짖음이야말로 우리의 비통과 분노를 긍휼로 변화시키는 여행에 나서게 하는 신호입니다. 이런 신호가 구약의 말씀 가운데서는 이웃을 미워하지 말고 사랑하라는 말로도 등장합니다(레 19:17-18). 이런 가르침을 잠언이 일상생활에 적용하기도 했는데(잠 24:17, 25:21), 바울이 그것을 다시 자기가 쓴 서신에서 인용하기도 했습니다.

“네 원수가 주리거든 먹을 것을 주고, 그가 목말라 하거든 마실 것을 주어라. 그렇게 하는 것은, 네가 그의 머리 위에다가 숯불을 쌓는 셈이 될 것이다” 하였습니다. 악에게 지지 말고, 선으로 악을 이기십시오(롬 12:20-21).

상처는 아픔이자 새살의 돋음입니다

탄원시는 “나 자신만을 위한 나”를 “하나님을 위한 나”로 변화되게 하는 기도입니다. 내 속에 있던 내가 하나님 앞에서 또 다른 나로 변화되는 미학적 통로가 탄원이라는 기도입니다.[10] 앞서 우리는 시편 제1권의 세계가 회상하는 참사람은 “종교적인 존재”라고 말씀드렸습니다. 그런 존재를 가리켜 “의인”이라고 부른다고 말씀드렸습니다. 시편의 “의인”은 세상사 속에서 자기만 옳고 의롭다고 간주하는 유대교적 의인과는 다릅니다. 시편에서 “의인”은 변화된 사람입니다. 시련과 소외 속에서 하나님의 현존을 향한 길로 들어선 사람입니다. 외로움과 고통 속에서 기도의 언어를 회복한 사람입니다. 나를 내세웠던 존재에서 하나님을 향한 존재로 새로워진 사람입니다.

탄원시의 시인에게 하나님의 품은 도피성입니다. 탄식하는 시인에게 도피성은 하나님의 품입니다. 그래서 시인은 마침내 하나님의 품으로 달려갑니다.

주님께서는
내 원수들이 보는 앞에서
내게 잔칫상을 차려 주시고
내 머리에 기름 부으시어
나를 귀한 손님으로 맞아 주시니
내 잔이 넘칩니다.

진실로 주의 선하심과 인자하심이
내가 사는 날 동안 나를 따르리니
나는 주님의 집으로 돌아가
영원히 그곳에서 살겠습니다(시 23:5-6).

흔히 시편 23편은 신뢰시로 불립니다. 그러나 시편 23편을 목가적인 시로만 읽기에는 시인의 속내가 너무 절절합니다. 시인이 살 길은 사망의 음침한 골짜기를 지나 하나님의 집에 들어가는 것밖에 없습니다. 자기를 쫓는 자들의 손아귀에서 벗어나 하나님의 품에서 살려고 합니다. 그렇습니다. 세상이 아무리 어두워도 하나님의 품은 우리에게 도피성이 됩니다. 누가 이런 하나님의 품을 파고들 수 있을까요?

누가 주님의 산에 오를 수 있으며
누가 그 거룩한 곳에 들어설 수 있느냐?

깨끗한 손과 해맑은 마음을 가진 사람
헛된 우상에게 마음이 팔리지 않고
거짓 맹세를 하지 않는 사람이다(시 24:3-4).

기감훼상(豈敢毁傷)이라는 말이 있습니다. 어찌(豈) 감히(敢) 헐고(毁) 다치게(傷) 하겠느냐는 뜻입니다.[11] 아픔을 당한다는 것이 마냥 부정적이지만은 않다는 뜻입니다. 벼의 껍질을 벗기면(毁) 알맹이가 남아 있지 않습니까! 살이 베어 아프긴 하지만(傷) 베인 자리에서 새살이 돋아나지 않습니까! 그래서 이렇게 말하지요. "상처는 아픔이자 새살의 돋음이라고."[12]

신앙인들 앞에는 늘 두 갈래 길이 있습니다. 성숙한 그리스도인이 걸어가는 길은 십자가를 지지 않고서는 주님을 따를 수 없는 길입니다. C. S. 루이스의 말을 들어보십시오.

여기서도 '더 높은 곳일수록, 더 위험한 곳'이라는 말이 적용됩니다. 유대인들이 이교도들보다 더 심각한 죄를 지은 것은 그들이 하나님으로부터 더 멀리 있었기 때문이 아니라 더 가까이 있었기 때문입니다. 인간의 영혼 속에 초자연이 들어오면 인간의 영혼에는 좋은 쪽과 나쁜 쪽 모두를 향해 새로운 가능성이 활짝 열리기 때문입니다. 이 지점에서 길이 두 갈래로 나누어지기 시작합니다. 경건과 사랑과 겸손을 향해 나아가는 길과, 영적 교만과 자기 의와 박해의 광기로 나아가는 길이 그것입니다. 아직 영혼이 깨어나지 못했을 때의 그

평범한 미덕과 악덕으로 다시 되돌아갈 수 있는 길은 없습니다. 하나님의 부르심이 우리를 더 나은 존재로 만들지 못한다면, 그것은 반드시 우리를 훨씬 나쁜 존재로 만듭니다.[13)]

무슨 소리입니까? "유대인들이 이교도들보다 더 심각한 죄를 지은 것은 그들이 하나님으로부터 더 멀리 있었기 때문이 아니라 더 가까이 있었기 때문"이라는 것입니다. 그러니 하나님의 사람은 이 험한 세상에서 어떻게 살아가야 하겠습니까?

그러나 주님,
주님은 나를 에워 싸주는 방패
나의 영광,
나의 머리를 들게 하시는 분이시니,

나를 대적하여 사방에 진을 친 자들이
천만 대군이라 하여도,
나는 두려워하지 않으렵니다(시 3:3, 6).

여기에서 소중한 말은 "그러나"입니다. 세상살이가 곤고하지만, 그러나, 시인은 믿음으로 살아가야 합니다. 은총으로 살아가야 합니다. 그러기에 시인은 탄식하고 부르짖는 상황이 아직 채 가시지 않았는데도 탄원의 기도를 돌연 하나님의 구원을 신뢰하는 찬송과 감사로 바꿉니다. 이 같은 모습은 탄원시의 분위기에서도 드러나고,[14] 시편 제1권의 생김새에서도 드러나며, 시편 전체의 짜임새나 매무새에서도 드러납니다.[15] 시편의 탄원시는, 시편 제1권은, 아니 시편 전체는 저녁에서 아침으로 가는 모양새를 띠고 있다는 것입니다. 탄원이 저녁이라면 찬양은 아침입니다. 저녁에는 울음이 침상을 적셔도 아침에는 기쁨이 넘쳐 소리를 지르게 됩니다(시 30:5). 송명희 시인의 고백입니다.

웃는 게 다 기쁨이 아니며
우는 게 다 슬픔이 아니다
좋은 게 다 좋음이 아니며
사는 게 다 생명이 아니다
하나님은 슬픔으로도 기쁨으로 만드시며
하나님은 죽음으로도 생명으로 바꾸신다.

송명희 시인은 심한 지체 장애인입니다. 이 시의 제목이 무엇인지 아십니까? "성령으로 바꾸신다"입니다. 재판정에 들어선 사람들은 누구나 재판에서 이기기를 원합니다. 탄원시의 법정에서 시인이 바라는 승소는 전적으로 하나님의 은총에 달려 있습니다. 자신이 의로워서, 선해서, 공적이 있어서, 쌓은 것이 있어서 재판에서 이기게 해달라는 것이 아닙니다. 그가 바라는 승리는 전적으로 하나님의 은혜에 달려 있습니다. 이 점에서 시편의 탄원은 우리가 어떤 존재인지를 일깨워 줍니다. 탄원이 찬양으로 바뀌는 이유가 여기에 있습니다. 시인은 하나님의 은총으로 산다는 것입니다. 그렇습니다. 신앙인은 하나님의 은총으로 삽니다. 그리스도인은 전적으로 하나님의 은총으로 삽니다. 그래서 시인이 털어놓은 고백이 이것입니다.

그러나 주님은 나의 주님이시니
나에게 은혜를 베풀어 주십시오.
나도 그들에게 되갚을 수 있도록
나를 일으켜 주십시오.

내 원수들이 내 앞에서
환호를 외치지 못하게 하여 주십시오.
이로써, 주님이 나를 사랑하심을
나는 알게 될 것입니다.

주님께서 나를 온전하게 지켜주시고
나를 주님 앞에 길이 세워 주십시오.

이스라엘의 하나님이신 주님
찬양을 받으십시오.
영원부터 영원까지 찬양을 받으십시오. 아멘, 아멘(시 41:10-13).

시편 제2권, 사람은 주님의 은총으로 삽니다

시편 제2권(시 42-72편)은 제3권(시 73-89편)과 더불어서 생각해야 합니다. 시편 제2, 3권은 그 표제에서 다윗 시 모음집을 가운데 두고 그 앞과 뒤에 고라의 시와 아삽의 시를 대칭적으로 배치해 놓았습니다.[1] 고라의 시(42-49편) → 아삽의 시((50편) → 다윗의 시(51-71편) → 아삽의 시(73-83편) → 고라의 시(84-85, 87-88편) 순으로 이어집니다. 그 사이에 솔로몬의 시(시 72편), 다윗의 기도(시 86편), 에단의 교훈(시 89편)이 끼어 있지만, 그 짜임새를 흔들지는 못합니다. 게다가 시편 제2, 3권의 시들이 공통적으로 하나님을 "엘로힘"(אלהים)으로 부르고 있다는 점도 시편 42-72편과 73-89편이 펼치는 시의 세계를 서로 연결해서 보게 만듭니다.[2]

그러나 시의 쓰임새에서 보면 시편 제2권은 제1권과 함께 이스라엘 왕국시대에 대한 반성을 담고 있습니다. 시편을 떠받치는 기둥이 토라 시(19, 119편)와 더불어 왕을 위한 기도(시 2, 72, 89, 110, 144편)라는 점에서 들여다본다면,[3] 시편 제1권과 제2권의 밑가락은 다윗이 수립한 왕조를 향한 간구에 있다고 말할 수 있습니다. 다윗이 세운 왕조가 하나님의 뜻을 펼치며 천하고 약한 자를 품에 안는 그릇이 되기를 바라고 있습니다. 그랬던 기대가 시편 제3권에 들어서면서부터는, 구약학자 윌슨(G. H. Wilson)이 지적했듯이, 다윗 왕조가 아닌 하나님의 직접 통치를 기다리는 소망으로 옮겨가게 됩니다.[4] 시편의 생김새가 인간의 왕권에 대한 기대에서 야훼 하나님의 직접 통치를 대망하는 소망으로 변화하고 있다는 것입니다.

내가 너를 구하여 주리니

시편 제2권은 제1권에 이어 탄원의 기도를 이어갑니다. 그렇지만 훨씬 더 곤경에 빠진 "영혼"을 구원해 주시는 하나님을 찾고 있습니다. 곤경에 빠진 "우리"를 구원하시는 분을 터놓고 요청합니다. 시편 제2권의 시들은, 고라 시 모음집이나 다윗 시 모음집이나 할 것 없이, 그 유형에서 대부분 간구와 탄원으로 분류됩니다. 그만큼 절실하고 절박합니다. 그 기도의 주제가 해방입니다. 구원받음입니다. 시편 제2권은 시편 가운데서도 두드러지게 구원과 해방을 바라는 기도를 드리고 있습니다. 시편 42편에서 72편에 이르는 시들은 기도가 어떻게 신앙을 변혁시키는지를 집중적으로 보여줍니다. 기도 중에 시인은 하나님이 이루셨던 출애굽의 역사를 떠올리며 하나님의 구원이 오늘의 구원으로 이루어지는 것을 확신합니다.

기도는 구원을 향한 타는 목마름입니다. 기도의 교실에서 시인은 자신을 옭아매고 있는 현실을 돌파하는 하나님 신앙을 붙들게 됩니다. 구원은 과거완료형이 아닙니다. 현재형입니다. 아니, 현재 진행형입니다. 시편 제2권에서 하나님은 오늘의 구원자이십니다. 오늘의 해방자이십니다. 오늘의 위대한 용사이십니다. 시편 제2권의 서두인 시편 42편이 하나님을 애타게 찾는 부르짖음으로 그 말문을 열고 있는 것은 우연이 아닙니다.

시냇물을 애타게 찾는 사슴처럼
제 영혼이 주님을 갈망합니다, 하나님

목이 탑니다, 제 영혼은
하나님을 찾기에
살아 계신 하나님을 찾기에[5)]
언제쯤에나 주님 계신 데 이르러
하나님의 얼굴을 뵈오리이까?

내게는 눈물이 나의 양식

낮에도 밤에도

온종일 내 귀에 들리는 소리
네 하나님은 어디 있느냐 뿐이니(시 42:1-3, 사역)

시인은 지금 하나님을 찾고 있습니다. 구원의 하나님이 어디에 계시는지를 찾고 있습니다. 시편 42편만 그러는 것이 아닙니다. 시편 제2권이나 제3권에서 고라 시 모음집에 해당되는 시들은 하나같이 하나님을 찾고 있습니다. 스올(Sheol)에서부터 구출되기를 바라는 소망이 이 시집의 으뜸가락으로 비치기도 합니다.[6] 주목할 것은 하나님을 찾는 시인의 간청이 층계를 하나씩 올라가면서 거룩한 도성 시온에 닿게 된다는 사실입니다. 특히 아삽의 시라고 불리는 시편 50편이 그것을 분명히 합니다.

전능하신 분
주 하나님께서 말씀하시어
해가 돋는 데서부터 해 지는 데까지
온 세상을 불러 모으신다.

더없이 아름다운 시온으로부터
하나님께서 눈부시게 나타나신다(시 50:1-2).

하나님이 어디에서 나타나십니까? 시온으로부터, 더없이 아름다운 시온으로부터 나타나십니다! 시온에서 예배하는 자에게 하나님이 말씀하십니다. "재난의 날에 나를 불러라, 내가 너를 구하여 줄 것이요, 너는 나에게 영광을 돌리게 될 것이다"(시 50:15). 시편 제2권이 제시하는 탄원의 기도는 허황된 신앙, 잘못된 소망, 그릇된 신학을 붙들고 살던 이스라엘로 하여금 다시 언약의 하나님을 찾아 나서는 대장정에 들어서게 합니다.

시편 42편에서 시인은 네 하나님이 어디 있느냐고 비방하는 무리들에게 둘러싸여 있습니다(시 42:3, 10). 우리는 시인이 있는 자리가 어디인지, 정확하게 꼬집어 밝힐 수는 없습니다. 다만, 확실한 것은 그곳이 억압받는 자리라는 사실입니다. 고난은—그것이 민족적이든 개인적이든, 정치적이든 군사적이든—불행은 아닙니다. 고난은 하나님의 구원을 찾게 만드는 통로입니다. 시인은 고난의 자리에서 하나님을 찾습니다. 구원은 다른 데서가 아니라, 하나님에게서 오기 때문입니다.

시인이 찾는 하나님은 야곱의 하나님입니다(시 46:7). 시온에 계신 하나님입니다(시 53:6, 68:16). 한마디로, 이스라엘과 언약을 맺으신 하나님입니다. 시인이 그 하나님을 기억하고 소망을 회복하고 있습니다. 시인의 입에서 찬송이 회복되고 있습니다.

어찌 그리 낙심하는가, 내 영혼아
어찌 그리 불안해하는가?

하나님을 기다리리라[7]

여전히 고백하리라

나의 구원자, 나의 하나님이라고[8](시 42:5, 11, 43:5, 사역).

누구를 기다리고 있습니까? 구원자 하나님을 기다리고 있습니다! 시편 42편만 하나님을 애타게 찾지 않습니다. 시편 제2권의 시들이 이구동성으로 하나님을 찾습니다. 그 시들이 다짐하는 하나님은 낙심한 자를 도우시고(시 43:5), 피난처가 되시며(시 46:1, 11), 재난의 날에 건져 주시는 분이십니다(시 50:15, 54:7). 하나님은 회개하는 죄인을 씻어 주시고(시 51:7), 힘없는 자를 도우시며(시 54:4), 쫓기는 자를 죽음에서 건져 주십니다(시 56:13). 약한 자를 구원해 주시고(시 59:2), 기꺼이 죄를 사해 주시며(시 65:3), 목이 타도록 부르짖는 자를 수렁에서 건져주십니다(시 69:14). 하나님께 피하는 자를 구원하여 주시고(시 71:2), 잔인한 폭력배의 손에서 지켜주시며(시 71:4), 원수들의 음모에서 건져주십니다(시 71:10-12). 그렇습니다. 하나님은 구원의 주님, 속량의 주님, 새 생명을 주시는 주님이십니다.

시로 읽는 다윗왕국

시편 제2권의 시들은 다윗이 세운 나라가 하나님과 백성 앞에서 정당하게 유지될 것을 기대합니다.[9] 시편 제1권의 시들에 이어 이스라엘의 왕은 흠 없이 신실한 사람으로 그려지고 있습니다. 그 왕에게 하나님은 반석이요 요새요 구원자이십니다. 이스라엘의 왕은 하나님 앞에서, 백성 앞에서, 자기가 누구인지를 알아야 합니다. 그는 토라를 사수하는 문지기가 되어야 하고 하나님의 뜻을 펼치는 주인공이 되어야 합니다. 시편에서 왕을 위한 기도가 토라 시와 더불어 읽히는 것은 이 때문입니다.[10] 이런 지평에서 이스라엘 역사 이야기를 시어로 바꿔 서술하는 시편 45편이 우리 눈에 들어옵니다.

벅차오른다 내 마음이 좋은 말로
고백하련다 내가 지은 것을 왕에게
내 입술은[11] 글 솜씨 뛰어난 작가의[12] 도구이기에[13]

당신은 누구보다도[14] 빼어나고
당신의 입술에는 은혜가 넘치니
당신은 영원히 하나님께 복 받으신 분

허리에 칼을 찬 용사시여
보무도 당당하게
세우시라, 뻗어나가시라
진실의 언어를 따라, 정의의 길을 따라[15]

놀라운 위세를 떨치시라 당신의 오른팔로

당신의 화살 날카로워
만민이 당신 발아래 엎드러지리이다
왕의 원수들의 심장을 꿰뚫어버리기에(시 45:1-5, 사역).

시편 45편은 시편 제2권에서, 아니 시편 전체에서, 가장 현란한 언어로 왕을 높이는 시입니다. 시편 45편은 하나님께 드리는 기도가 아닙니다. 시편 45편은 왕에게 바치는, 그리고 왕후에게 바치는 시인의 헌사(獻辭)입니다. 시편 45편은 그 표제(쉬르 여디돗, **שִׁיר יְדִידֹת**, 사랑의 노래)가 해석하듯이 왕의 결혼식을 배경으로 삼습니다.

시편 45편은 크게 두 모티프를 지니고 있습니다. 서두(1절)에 이어 전쟁 용사인 왕을 기리는 노래(2-6절)가 나오고 그 뒤를 이어 왕의 결혼식을 흥겨워하는 노래(8-17절)가 나옵니다. 그 두 모티프를 잇는 자리에 왕의 역할을 다짐하는 간구가 등장합니다(시 45:7). 얼핏 전쟁이란 주제와 결혼식이라는 주제는 서로 어울리지 않는 것처럼 보입니다. 그러나 시를 음미해 보면 사정이 꼭 그렇지만은 않습니다. 전쟁에서 이기고 돌아온 왕이 사랑하는 여인과 성대한 결혼식을 기념 삼아 치르게 된다고 볼 수도 있고, 전쟁에서 승리한 왕이 상대방 나라의 공주와 정략적으로 결혼하게 된다고 볼 수도 있습니다(참조, 시 42:10).[16] 아니면, 공간의 지배자가 시간의 지배자로 그 영역을 넓히는 것을 기리고 있다고 볼 수도 있습니다.

시편 45편은 신랑 집에 신부가 도착함으로 결혼식이 성사되는 의례를 보여줍니다. 기원후 4-5세기 교부들은 시편 45편에서 교회야말로 신랑 되신 예수 그리스도의 순결한 신부라는 진리를 발견하였습니다.[17] 시편 45편이 기리는 왕을 메시아로, 예수 그리스도로 읽고자 하였던 것입니다. 기억할 것은 시편 45편에서 왕은 그 누구보다도 정의를 사랑하고 악을 미워하는 주인공이 되어야 한다는 사실입니다(시 45:7). 그럴 때 하나님은 왕이 가는 길을 복된 걸음으로 인도하실 것입니다. 시편 45편에서 7절은 일종의 돌쩌귀입니다. 왕이 치르는 전쟁 이야기가 결혼 이야기로 넘어가는 길목에 왕의 정체성을 다짐하는 글말로 자리 잡고 있습니다. 왕이 정의의 사도가 되어야 한다는 이런 식의 소망은 시편 72편에서 절정에 달하게 됩니다.

시편 72편은 구약의 시편에서 사회정의를 두드러지게 다루는 시입니다.[18] 왕국은 풍요와 평화와 정의를 이 땅에 유지시키기 위해서 하나님이 마련하신 제도로 일컬어집니다. 그 왕국에서 왕은 당연히 가난한 백성, 억울한 백성의 거추꾼(後援者)이 되어야 합니다(시 72:4, 12, 13). 그 시가 "이새의 아들 다윗의 기도가 여기에서 끝난다"는 말로 형식상 시편 제1, 2권을 종결짓는 역할을 합니다(시 72:20).

하나님, 왕에게 주님의 판단력을 주시고
왕의 아들에게 주님의 의를 내려주셔서

왕이 주님의 백성을 정의로 판결할 수 있게 하시고
주님의 불쌍한 백성을 공의로
판결할 수 있게 해주십시오.

왕이 의를 이루면
산들이 백성에게 평화를 안겨주며
언덕들이 백성에게
정의를 가져다줄 것입니다(시 72:1-3).

시편 72편은 하나님이 왕에게 바른 판단력과 정의를 주시기를 바라는 기도입니다. 왕은 이 땅에 제대로 된 하나님의 나라를 세워가야 합니다. 왕의 나라가 아니라 하나님의 나라를 세워가야 합니다. 왕은 이 땅에 하나님의 나라를 세워가는 일꾼이 되어야 합니다. 왕의 권력이 궁핍하고 천한 자를 위해서 실행될 때 왕의 권위는 정당성을 지니게 됩니다. 왕이 다스리는 나라가 하나님의 나라를 닮았다는 것은 가난한 자와 천한 자를 향한 왕의 정책에서 고스란히 드러납니다.

진실로 그는

가난한 백성이 도와 달라고 부르짖을 때에 건져 주며
도울 사람 없는 불쌍한 백성을 건져준다.

그는 힘없는 사람과 가난한 사람을 불쌍히 여기며
가난한 사람의 목숨을 건져 준다.

가난한 백성을 억압과 폭력에서 건져
그 목숨을 살려 주며
그들의 피를 귀중하게 여긴다(시 72:12-14).

고대 사회에서 왕은 대개 토착 지주그룹의 후원을 받아서 왕좌에 올랐습니다. 고대 이스라엘이라고 크게 예외는 아니었습니다. 솔로몬의 뒤를 이어 왕좌에 오르고자 했던 르호보암이 이스라엘 장로들과 벌였던 갈등도 그런 예에 속한다고 볼 수 있습니다(참조, 왕상 12장). 그러므로 왕이 부자에 맞서서 가난한 백성을 지키고, 강자에 맞서서 약자를 두둔한다는 것은 결코 쉽지 않은 일이었습니다. 그랬기에 시편 72편이 주창하는 왕도(王道)에 사회적 약자를 보호함으로 지역 지주들의 세력을 억누르려는 이데올로기가 서려 있다고 보기도 합니다.[19] 무슨 소리입니까? 왕이 제대로 된 인물이라면, 왕의 나라는 정녕 하나님의 뜻을 이 땅에 실현해가는 도구가 될 것입니다. 왕은 하나님이 바라시는 공의와 공평을 이 땅에 구현하는 선교사가 될 것입니다.

시편 제2권의 시는 구약의 역사서가 다루는 다윗 이야기(사무엘하–열왕기상 2장)와 더불어서 읽어야 합니다. 역사서가 묘사하는 다윗의 삶은 원수에게 쫓기고, 험한 지경에 빠지며, 어처구니없는 곤경에 몰리지만, 시편에 실린 왕을 위한 노래, 왕을 향한 기도는 다윗이 늘 하나님의 보호 아래 있었다고 고백하게 합니다.

시편에서 시인은 다윗과 더불어서 한 운명공동체를 살아가는 자입니다.[20] 시인은 다윗처럼 위기를 극복하면서 미래를 향한 소망을 그 가슴에 품고 있습니다. 시인의 기도가 다윗의 기도와 하나가 됨으로 시인은 고통 중에라도 자기가 하나님의 통치 속에 살아가고 있음을 확신하게 됩니다. 어디, 시인만 그렇겠습니까? 우리 모두가 다 그렇습니다. 시편으로 기도할 때 우리는 하나님의 통치를 신뢰하고 의지하는 시인의 언어로 말하는 것입니다.[21]

참회하는 인간, 우슬초로 나를 정결케 하시고

다윗의 인생은 후반부에 접어들면서 시련과 고초를 겪게 됩니다. 그 시련의 시작이 힘으로 우리아의 아내 밧세바를 빼앗아 자기 아내로 삼았던 일입니다(삼하 11장). 그 사건 이후 다윗은 가정이 깨지고, 나라가 분열되며, 반란이 일어나고, 사회가 혼란의 소용돌이에 빠지는 긴 시련을 겪게 됩니다. 그러다가 솔로몬이 다윗의 왕위를 계승하게 되면서 다윗시대는 그 막을 내리게 됩니다. 시편 제

2권에 실린 고라 시 모음집(시 51-72편)은 이런 혼란한 때를 배경 삼아 읽을 수 있습니다. 시편 51편이 그 표제대로 "다윗이 밧세바와 동침한 후 예언자 나단이 그를 찾아왔을 때"를 배경으로 한다면, 시편 72편은 그 표제가 암시하듯 이제 막 왕위에 오른 솔로몬을 향한 희망을 담고 있다고 볼 수 있습니다. 시편 제2권에 수록된 시편 51-72편을 다윗왕조의 후반부에 일어났었던 일련의 사태에 대한 반응을 익명의 시인이 시의 형태로 기록했다고 보는 것입니다.[22] 나중 세대가 다윗의 궁중에서 일어났던 비극을 해마다, 철마다 되새기면서 오늘을 사는 지혜를 얻도록 하고자 했다는 것입니다.[23] 이런 흐름에서 볼 때 시편 제2권의 시들은 우리 인생의 또 다른 실체를 보여줍니다. 인생은 누구나 두 자아 때문에 고통을 겪는다는 것입니다. 마음으로는 하나님의 법을 따르기를 원하지만, 몸으로는 세속의 가치를 좇는다는 것입니다. 그래서 깨닫게 되는 진리가 이것입니다.

> 아, 나는 비참한 사람입니다. 누가 이 죽음의 몸에서 나를 건져 주겠습니까?(롬 7:24).

시편은 복음을 선포합니다. 죄인이었던 우리가 이만큼 사는 것은 순전히 하나님의 은혜라는 것을 깨닫게 해줍니다. 시편의 참회시가 바로 그것을 보여줍니다.[24] 형식으로만 따진다면 참회시는 탄원의 기도에 속합니다. 그러나 탄원시가 보통 자기 밖에 있는 원수들 까닭에 겪는 괴로움을 토로한다면, 참회시는 내 안의 죄를 문제 삼고 있습니다. 참회시 가운데서도 우리 귀에 친숙한 것은 시편 51편입니다.

시편 51편은 용서받은 기쁨을 증언합니다. 시편 51편에는 "다윗이 밧세바와 정을 통한 뒤에 예언자 나단이 그를 찾아왔을 때에 뉘우치고 지은 시"라는 표제가 붙어 있습니다. 이 표제는 시를 맛보게 하는 데 도움을 주는 환경을 제공합니다. 다윗이 자기 부하 우리아의 아내 밧세바를 자기 여자로 삼고자 우리아를 치열한 전선으로 내보내 전사하게 한 일이 있었습니다. 그러고 나서 밧세바를 데려다가 자기 아내로 삼았습니다. 그 악한 일을 보시고 주님이 예언자 나단을 다윗에게 보내어 책망합니다. 그러자 대번에 다윗이 나단에게 자백합니다. "내가 주님께 죄를 지었습니다"(삼하 12:13a)라고. 어떻게 이럴 수 있었을까요? 어떻게 다윗이 아무 대꾸나 변명 없이 곧장 자기가 죄인이라고 나단 앞에서 털어놓을 수 있었을까요?

아기가 엄마 뱃속에 있다가 태어나기까지에는 대략 열 달이 걸립니다. 나단이 다윗을 찾아가 책망할 때가 밧세바가 다윗의 아들을 막 낳았던 때였다는 것을 감안하면(삼하 11:27) 다윗은 대략 열 달 가까이 자기의 부정을 마음속에 품고 있었다는 소리가 됩니다. 일 년 가깝게 다윗은 지은 죄를 은폐하고 있었습니다. 참으로 괴로웠을 것입니다. 불안하였을 것입니다. 그랬었는데 마침 선지자 나단이 자기에게 와서 크게 질책하자(삼하 12:7-12) 기다렸다는 듯이 입을 열어 죄를 고백하게 되었다고 보아야 합니다. 이런 맥락에서 저는 시편 51편을 사무엘하 12:13의 전반절과 후반절 사이에 두고 읽어야 한다고 생각합니다. 그래야 다윗이 어떻게 회개하였는지를 알 수 있고, 그래야 죄를 용서하시는 하나님의 마음을 읽을 수 있습니다. 다윗이 내가 주님께 죄를 지었다고 회개하였다고 해서, 그 다윗의 고백을 듣자마자 나단이 곧장 다윗에게 주님께서 왕을 용서해 주실 것이라고 선포했다는 것은 좀 어색하지 않습니까! 다윗이 무엇을, 어떻게 고백하였을까요?

하나님, 주님의 한결같은 사랑을 따라
내게 은혜를 베풀어 주십시오.
주님의 크신 긍휼을 따라
내 반역죄를 없애 주십시오.

내 죄악을 말끔히 씻어 주시고,
내 죄를 깨끗이 없애 주십시오.(시 51:1-2)

시편 51편은 시편 50편과 함께 쌍둥이 시로 읽힙니다. 두 시 모두 회개와 용서를 다룹니다. 시편 51편을 다윗의 회개로 읽을 때 그 첫 마디가 하나님의 성품을 먼저 초들고 있다는 사실이 눈에 띕니다. 그러고 나서 자기 죄악을 고백합니다. 하나님의 자비로우심이 사람의 죄악보다 먼저 거론됩니다. 다윗의 희망은 자기 자신에 대한 평가에 있지 않습니다. 다윗의 희망은 하나님이 어떤 분이신지를 깨닫는 데서 옵니다. 그래서 하나님의 성품을 먼저 살핍니다. 시인에게 하나님은 사랑(헤세드, חסד)입니다. 은혜(한넨니, הנני)입니다. 긍휼(라하밈, רחים)입니다. 사랑·은혜·긍휼은 하나님의 성품을 묘사하는 트라이앵글입니다.

나의 반역을 내가 잘 알고 있으며,
내가 지은 죄가 언제나 나를 고발합니다.

주님께만, 오직 주님께만,
나는 죄를 지었습니다.
주님의 눈앞에서,
내가 악한 짓을 저질렀으니,
주님의 판결은 옳으시며
주님의 심판은 정당합니다.

실로, 나는 죄 중에 태어났고,
어머니의 태 속에 있을 때부터
죄인이었습니다(시 51:3-5).

시편 51편에는 죄에 대한 언급이 참 많이 나옵니다. 죄를 지칭하는 용어도 여럿입니다. 죄라고 하기도 하고, 죄악이라고 하기도 하며, 반역이라고 하기도 합니다. 악한 짓이라고도 합니다. 죄는 과녁을 벗어난 상태입니다. 죄악은 알지 못한 채 저지른 실수입니다. 반역은 일부러 거역한 잘못입니다. 죄를 지칭하는 용어가 이렇게도 다양한 것은 사람들이 사는 세상이 얼마나 혼탁한지를 단적으로 드러내는 예에 속합니다. 시인이 말하고자 하는 것은 이것입니다. 사람들이 살아가는 세상에는 죄가 만연되어 있다는 사실입니다.

우슬초로 나를 정결케 해주십시오.
내가 깨끗하게 될 것입니다.
나를 씻어 주십시오.
내가 눈보다 더 희게 될 것입니다.
….
아, 하나님,
내 속에 깨끗한 마음을 창조하여 주시고
내 속을 견고한 심령으로
새롭게 하여 주십시오.

주님 앞에서 나를 쫓아내지 마시며,
주님의 성령을 나에게서 거두어 가지 말아 주십시오.

주님께서 베푸시는 구원의 기쁨을
내게 회복시켜 주시고,

내가 지탱할 수 있도록
내게 자발적인 마음을 주십시오(시 51:7, 10-12).

이 시를 되뇌며 깨닫습니다. 죄악에 빠진 인생은 하나님이 새 마음과 새 심령(숨)을 다시 주실 때에만 희망이 있습니다. 그러기에 시인은 자기 속에 정(淨)한 마음을 창조하여 달라고 기도합니다. 태초에 사람을 지으셨던 하나님이 새 영을 불어넣어 주심으로 죄인의 심령을 바꿔 달라고 간구하고 있습니다. 시인이 원하는 것은 변화입니다. 새로워짐입니다. 거듭나는 것입니다. 새 창조입니다. 하나님 앞에서는 죄인이 의인 되고, 악한 자가 제자가 되며, 박해자가 순교자가 됩니다. 사도 바울도 그런 변화를 누렸습니다.

누구든지 그리스도 안에 있으면, 그는 새로운 피조물입니다. 옛 것은 지나갔습니다. 보십시오, 새 것이 되었습니다(고후 5:17).

시편 51편이 촉구하는 회개는 설교에 가깝습니다. 그래서 "설교조의 시"(sermon hymn)라고도 불립니다. 시인은 지금 죄인을 용서하시는 하나님의 복음을 체험하고 있습니다. 의인이 된다는 것은 그 은혜를 선포하는 증인이 된다는 뜻입니다. 그런 증인의 자리에서 시인은 진정한 공동체 예배를 경험합니다.

주님은 제물을 반기지 않으시며,

내가 번제를 드리더라도 기뻐하지 않으십니다.

하나님께서 원하시는 제물은
찢겨진 심령입니다.
…
주님의 은혜로 시온을 잘 돌보아주시고,
예루살렘 성벽을 견고히 세워 주십시오.

그때에 주님은
올바른 제사와 번제와 온전한 제물을
기쁨으로 받으실 것이니,
그때에 사람들이 주님의 제단 위에
수송아지를 드릴 것입니다(시 51:16-19).

개혁(reformation)이 아닙니다. 뒤집혀져야(transformation)합니다. 다시 쌓기만 해서는 안 됩니다. 완전히 새로워져야 합니다. 내가 새로워져야 하고, 교회가 새로워져야 합니다. 그 깨달음을 오늘의 시어로 바꾸어 봅니다.

늦은 오후
성당에 가서 무릎을 꿇었다
높은 창

스테인드글라스를 통과한 저녁 햇살이
내 앞에 눈부시다
모든 색채가 빛의 고통이라는 사실을
나 아직 알 수 없으나
스테인드글라스가
조각조각 난 유리로 만들어진 까닭은
이제 알겠다
내가 산산조각 난 까닭도
이제 알겠다("스테인드글라스", 정호승).

경천격물(敬天格物)의 깨달음

타이완의 수도 타이베이에 있는 국립 고궁박물원을 방문한 적이 있습니다. 이 박물원은 원래 1925년 베이징 자금성에 설립되었던 궁이었습니다. 그래서 지금도 "고궁"(故宮)이라고 불립니다. 1949년 당시 국민당 정부가 타이완으로 옮겨가면서 고궁박물원에 있던 유물들을 타이완으로 몽땅 가져가 소장·전시하면서 이 박물원은 화하문물(華夏文物)에 관한 한 세계 최고의 박물관이 되었습니다. 이 박물원에 들어섰을 때 가장 먼저 제 눈에 들어온 글말이 이것입니다. "경천격물!"(敬天格物) 하늘을 공경해야 사물의 이치를 아우를 수 있다는 소리입니다. 이 소리에 나그네의 느슨한 걸음새가 퍼

뜩 곧추세워졌던 기억이 지금도 생생합니다.

우리 귀에 친숙한 말은 "격물치지"(格物致知)입니다. 『대학』에 나오는 이 말은 주자학에 의하면 "사물에 이르러 앎을 이룬다"는 뜻이고, 양명학에 따르면 "바른 마음으로 사물을 대해야 앎에 이른다"는 뜻입니다.[25] 이 뜻 차이에 대한 풀이는 이 글의 범주를 벗어납니다. 제가 말씀드리려는 것은 "격물"이란 글자에 매료되어 있었던 저에게 "격물"에 앞서 "경천"이 있어야 한다는 소리가 난데없이 들이닥쳤기 때문입니다. 그것도 타이완을 여행하고 있었을 때 말입니다. 그때 새삼 다짐하였습니다. 세상사의 이치를 제대로 풀려면 먼저 하나님을 공경해야 한다고. 시편 제2권의 시들이 바로 그 경천격물의 이치를 우리에게 들려줍니다.

시편 제2권에서 시편 51편에 이어 전개되는 다윗 시 모음집(시 51-72편)은 다윗이 밧세바 사건을 저지른 후에 겪어야 했던 시련과 반란을 반영하는 애가와 간구로 읽을 수 있습니다.[26] 그런데 그 애가의 가락이 경천격물입니다. 특히 시편 61-64편이 그러합니다. 이구동성으로 하나님을 나의 피난처라고 고백합니다(시 61:3, 62:8, 63:7, 64:2). 하나님께(to) 탄원만 하지 않고, 하나님을 향해(for) 찬양하면서도, 하나님에 관하여(about) 고백하고 있습니다.

> 내 영혼이 잠잠히 하나님만을 기다림은
> 나의 구원이 그에게서만 나오기 때문이다

하나님만이 나의 반석, 나의 구원, 나의 요새이시니
나는 결코 흔들리지 않는다(시 62:1-2).

하나님이 인생의 피난처시라는 것은 시편 전체의 주제이기도 합니다. 주 하나님께 피하는 자가 진정 복된 사람입니다. 하나님께 피하는 자가 누구입니까? 하나님만, 오로지 하나님만 의지할 수밖에 없는 사람입니다. 하나님을 도피성으로 삼는 사람입니다. 누군가가 도피성에 피신해 있다면 어느 누구도 그를 해칠 수 없습니다. 하나님을 피난처로 삼아보지 않은 사람은 이런 고백을 할 수 없습니다. 하나님이 '힘'이 되신 것을 체험해보지 않은 사람은 이런 고백을 할 수 없습니다. 그러니까 "하나님이 나의 반석이 되시기에 나는 결코 흔들리지 않는다"는 시인의 고백에는 이런 성서적 진리가 담겨 있습니다.

너희가 믿음 안에 굳게 서지 못한다면, 너희는 절대로 굳게 서지 못한다(사 7:9b).

우리는 믿음으로 살아가지, 보는 것으로 살아가지 아니합니다(고후 5:7).

그렇습니다. 우리는 보는 것으로 살아가지 않고 믿음으로 살아가는 인생입니다. 믿음(信)이란 말에서 "믿"이라는 글자는 다석 유영모에 따르면 "밀다"(推)에서 온 말입니다. 믿는다는 것은 민다는 뜻입니다. 밀어 올린다는 뜻입니다. 생각을 미는 것입니다. 위로 하나님을 모시고 밀어 올린다는 말입니다. 그렇게 밀어 올리다 보면 하나님의 임재를 체험하는 시온에 오르게 됩니다. 시편 68편이 바로 그 봉우리입니다.

하나님
주님께서 주님의 백성 앞에서
앞장 서서 나아가시며
광야에서 행진하실 때에

하나님 앞에서
시내 산의 그분 앞에서
이스라엘의 하나님 앞에서
땅이 흔들렸고
하늘도 폭우를 쏟아 내렸습니다(시 68:7-8).

시편 68편은 하나님에 관한 "노래"(쉬르, שִׁיר)입니다. 온 세상을 구원하시는 야훼 하나님을 찬양하는 노래입니다. 시편 68편은 시편의 시 가운데 가장 이해하기 어려운 시에 속합니다. 분명한 것은 시내 산에 계시던 하나님이 시온 산으로 그 보좌를 옮기시는 여정을 시편 68편이 소개하고 있다는 사실입니다. 고대 서아시아 종교에서 사용되던 은유적 표현까지 차용하여 초월적인 하나님이 시공간의 제약을 받은 세상 속에 오시는 여정을 묘사하고 있습니다. 시내 산에 계시던 하나님이 광야를 거쳐 시온으로 이주하시는 발걸음을 회상하고 있습니다.

봉우리들이 높이 솟은
바산의 산들아
너희가 어찌하여
하나님이 머무르시려고
택하신 시온 산을
시기하여 바라보느냐?
그 산은 주님께서
영원토록 마무르실 곳이다.

하나님의 병거는 천천이요
만만이다.
주님께서
그 수많은 병거를 거느리시고
시내 산을 떠나
그 거룩한 곳으로 오셨다(시 68:16-17).

하나님이 타시는 것은 구름수레입니다(시 68:4, 33; 신 33:26).

하나님이 지나가시면 마른 땅이 변하여 옥토가 되고(시 68:9), 외로운 사람들이 구원을 받습니다(시 68:5-6). 그 하나님이 시내 산을 떠나 마침내 시온 산으로 오셨습니다. 이제 시온 산에 하나님이 계십니다. 시온에 하나님의 성전이 세워짐으로 다윗이 세운 왕국은 드디어 세상의 중심이 되었습니다. 시온 산에 하나님이 계심으로 예루살렘은 마침내 온 세상의 배꼽이 되었습니다(겔 5:5).

지정학적으로 보면 예루살렘은 그리 윤택한 곳이 아닙니다. 예루살렘이 시온으로 불리면서부터(삼하 5:7; 대상 11:5) 새로운 역사가 시작되었습니다. 이런저런 논란이 있습니다만, 대체로 시온은 오늘날 황금빛 바위돔(the Dome of the Rock)이 있는 성전산 자리와 무관하지 않습니다. 동시에 시온은 하나님이 다윗을 위한 집을 세워준 공간이기도 합니다. 왕조와 성전은, 그 뿌리에서는 서로 다르면서도, 이스라엘 역사를 지탱하는 두 축이 되었습니다.

시온은 하늘과 땅이 만나는 곳입니다. 이스라엘은 일찍부터 시온산에 에덴의 이미지를 입혔습니다. 시편기자도 예루살렘에 생명의 강이 흐른다고 탄복합니다(시 46:4). 에스겔은 예루살렘 성전의 문지방에서 물이 흘러나와서 시내가 되고 강이 되어 생명의 바다를 이루는 환상을 보았습니다(겔 47:1-12). 성경의 맨 마지막 책도 하나님의 보좌에서 흘러나오는 생명의 물을 환상 중에 바라봅니다(계 22:1-2).

하나님의 성전이 시온에 있음으로 세상은 죽음에서 살아나 생명을 회복하게 됩니다. 시온의 하나님이 한 번 말씀하시면 세상의 온

갖 혼돈이 변하여 코스모스가 됩니다. 말씀으로 세상을 창조하신 하나님은 시온에서도 말씀으로 우리 인생을 구원하십니다. 에덴의 기쁨을 누리게 하십니다. 그래서 시편기자가 큰 소리로 다짐합니다. 시온의 하나님이 우리 피난처가 되신다고!

시편 제3권, 인생관이 다르면 시비(是非)도 다릅니다

시편 제3권(시 73-89편)은 잘 짜인 연작 시집입니다.[1] 거룩한 산 시온을 주제로 삼은 일련의 시들이 하나님의 심판과 구원을 펼쳐나가고 있습니다. 하나님의 성소를 거론하기는 시편 제2권의 시들도 마찬가지입니다. 그렇지만 왕조와 성전을 이스라엘 신앙의 양 축으로 삼는 시편 제2권과는 달리 시편 제3권의 시들은 왕조가 패망한 뒤 움튼 성전을 향한 간구와 소망, 기대와 열정으로 채워져 있습니다.

시편 73-89편에서 두드러지는 장소는 하나님의 성소입니다(시 73:17, 74:3, 78:69, 79:1, 87:1, 3). 시온에 있는 하나님의 거처입니다(시 76:2, 84:1, 2, 4, 10). 시편 제3권의 가락은 역사 회고입니다. 시편 73-89편이 천지창조에서 출애굽을 거쳐 예루살렘 패망에 이르는 역사를 더듬어 보는 시들로 채워져 있다는 점도 시편 제3권의 시들을 하나로 이어서 읽게 만듭니다. 가히, 뜻으로 본 이스라엘 역사라고도 말할 수 있는 신앙적 열정이 시편 73-89편의 지평에 드리워 있습니다.

멀리 계신 하나님

시편 제3권은 시편 73편으로 시작합니다. 시편 73편은 시편 1편의 약속이 시인의 세상 속에 실현되고 있지 않은 현실에 대한 고통스러운 진단으로 시작합니다. 이런 진단은 시편 74편에서는 보다 구체적인 울부짖음으로 표현됩니다. 하나님은 왜 불의한 자가 이 땅에서 번성하도록 내버려 두시느냐고 따지는 말로 시의 첫 글자를 채웁니다. 왜 하나님은 신실한 자가 망하도록 그냥 두고 보시느냐고 항변하는 것입니다. 시편 제3권의 시들은 중간에 낀 세 개의 시(시 76, 84, 87편)를 제외하고는 대부분 다윗 왕조의 패망을 애도하는 분위기를 그 배경으로 삼습니다. 다윗의 후손이 대대로 왕좌를 이어갈 것이라는 하나님의 언약이 수포로 그치고 만 현실에서 신앙인이 느끼는 엄청난 좌절과 애달픔을 기도로 이어갑니다.

하나님은
마음이 정직한 사람과 마음이 정결한 사람에게
선을 베푸시는 분이건만

나는 그 확신을 잃고
넘어질 뻔했구나
그 믿음을 버리고 미끄러질 뻔했구나

그것은
내가 거만한 자를 시샘하고
악인들이 누리는 평안을
부러워했기 때문이다(시 73:1-3).

하나님
어찌하여 우리를 이렇게 오랫동안 버리십니까?
어찌하여 주님의 목장에 있는 양떼에게서
진노를 거두지 않으십니까?(시 74:1)

시편 73편은 시편 전체에서 중심부를 차지합니다.[2] 시편의 중간에 위치해 있으면서 시편의 지평을 둘로 구분하고 있습니다. 그 이전에는 왕을 향한 희망이, 그 이후에는 왕에 대한 절망이 짓게 깔리고 있습니다. 시편 제3권이 73편으로 그 말문을 연다는 것은 자못 의도적입니다. 의인이 패망하고 악인이 형통한 세상사 때문에 속앓이하는 시인이 시편 73편의 전면에 부각되어 있습니다(시 73:1-3). 시인도 하마터면 왜곡된 세상사 탓에 의인의 길에서 벗어날 뻔했습니다.

시인이 보기에 악한 자들은 부하게 살고, 편하게 살며, 휩쓸고 다니지만, 하나님 신앙과는 거리가 먼 자들입니다(시 73:4-12). 신실하지만 괴롭게 살아가는 시인(시 73:13-14)과는 달리 그들은 "피둥피둥 살이 쪄서, 거만하게 눈을 치켜뜨고, 헛된 상상을 하며, 언제나 남을 비웃고, 악의에 찬 말을 쏘아대며, 거만한 모습으로 폭언하기를"(시 73:8) 즐깁니다. 그러면서 입으로는 하늘을 비방하고 하나님의 백성을 홀리고 있습니다. 이런 자들 때문에 시인이 겪는 가슴앓이는 그가 하나님의 성소에 들어가서 주님을 찾게 되기까지 결코 해결되지 않습니다.

내가 이 얽힌 문제를 풀어 보려고 깊이 생각해 보았으나
그것은 내가 풀기에는 너무나
어려운 문제였습니다.

그러나 마침내 하나님의 성소에 들어가서야
악한 자들의 종말이
어떻게 되리라는 것을 깨닫게 되었습니다(시 73:16-17).

시편 73편에서 주목할 구절은 "그러나 마침내 하나님의 성소에 들어가서야"입니다. 하나님의 성소에 들어가고 나서야 놀라운 반전이 일어납니다. 쓴 소리가 사라지고 하나님이 이루실 새 역사를 기대하게 됩니다. 시인은 아마도 하나님의 성소에서 시편 1편의 말

씀을 묵상했을 것입니다. 토라가 제시한 넓은 길과 좁은 길을 묵상했을 것입니다. 이스라엘의 구원 이야기를 묵상했을 것입니다. 선한 자가 억압받고 악한 자가 대접받는 뒤집힌 현실 속에서 신앙인으로 산다는 것의 의미가 무엇인지를 묵상했을 것입니다. 그러다가 마침내 깨달음에 이르게 됩니다.

시편 73편의 문제는 욥의 탄식과도 같습니다. 다석 유영모는 시편 73편을 읽으면서 "인생관이 다르면 시비가 다르다"고 풀이하기까지 하였습니다.[3] 세상의 인생은 두 종류로 나뉩니다. 하나는 맛을 보며 사는 인생이고 다른 하나는 뜻을 좇으며 사는 인생입니다. 사람들은 흔히 뜻보다는 밥을 먹고 사는 것으로 그칩니다. '세상 사는 맛이 있어야지' 하면서 살림살이의 맛에 빠져듭니다. 그러나 인생살이에서 소중한 것은 맛보다는 뜻입니다. 사람은 먹어서 사는 것이 아니라 깨닫기에 사는 것입니다. 맛을 좇는 사람은 땅에 매인 사람입니다. 뜻을 좇는 사람은 하늘에 속한 사람입니다. 그러기에 다짐하는 말이 이것입니다. "하나님은 마음이 정결한 사람에게 선을 베푸시는 분이시다!"(시 73:1) 이 다짐이 화두가 되어 시인의 고백을 다음과 같이 이끌어 갑니다.

그러나 나는 늘 주님과 함께 있으므로
주님께서 내 오른손을 붙잡아 주십니다.

주님의 교훈으로 나를 인도해 주시고

마침내 나를 주님의 영광에
참여시켜 주실 줄 믿습니다
…
하나님께 가까이 있는 것이 나에게 복이니
내가 주 하나님을 나의 피난처로 삼고
주님께서 이루신 모든 일들을 전파하렵니다(시 73:23-24, 28).

성소에 들어가서 시인이 체험한 것이 무엇입니까? 주님이 자기 오른손을 붙잡아 주시는 체험입니다! 그래서 시인의 입에서 이런 고백이 쏟아집니다. "하나님께 가까이 있는 것이 나에게 복이니!" 다석 유영모는 삶과 살림을 구별합니다. "삶은 숨이 위주요 살림은 먹는 게 위주"라는 것입니다. 살림으로는 남에게 뒤떨어지는 곤란이 있지만, "삶은 처음부터 천혜(天惠)로 풍족하다"는 것입니다.[4) 살림을 위해서는 먹고 입고 자며 움직여야 하지만, 숨에 기초한 삶은 하늘로부터 주어졌다는 것입니다. 무슨 소리입니까? 숨에 바탕을 둔 삶은 하나님의 은혜로 산다는 것입니다. 숨 쉬는 삶은 믿음으로 산다는 것입니다. 그런 삶의 진면목을 성소에 들어가서야 누리게 되었다는 것입니다. 그런 진리를 깨닫고 나서 시인이 외치는 소리가 바로 하나님을 가까이하는 자가 복된 자라는 경구(警句)입니다.

시에 담긴 소리, 소리에 담긴 시

시편 73편에 비해 시편 74편은 대놓고 탄식하는 글말로 시어를 채우고 있습니다. 아우성을 지르기는 시편 73편이나 74편이나 마찬가지입니다. 그러나 시편 74편에는 시편 73편이 종내 놓치지 않는 신앙적 기개가 전혀 없습니다. 그만큼 시편 74편의 분위기는 비가(悲歌), 애가(哀歌), 만가(輓歌)입니다. 왕국이 무너진 것을 가슴 아파합니다. 하나님의 성전이 폐허가 되고 만 것에 분노합니다(시 74:3, 7-8). 하나님이 백성이 나그네의 조롱거리가 된 것을 크게 서러워합니다(시 74:10). 그래서 "옛적부터 나의 왕이셨던"(시 74:12) 하나님께서 다시 한 번 창조 때, 출애굽 때 하셨던 역사를 이루어달라고 간청합니다(시 74:13-17). 가난한 자가 원통한 일을 당하고 있는 현실을 기억해 달라고 부르짖고 있습니다(시 74:18-22). 그러면서 하나님을 향해 "일어나시라"고 주문합니다.

하나님
우리를 모욕하는 저 대적자를
언제까지 그대로 두시렵니까?
주님의 이름을 모독하는 저 원수를
언제까지 그대로 두시렵니까?
…
하나님

일어나십시오.

주님의 소송을 이기십시오.

날마다 주님을 모욕하는 어리석은 자들을

버려두지 마십시오.

…

주님의 대적자들의 저 소리를

부디 잊지 마십시오(시 74:10, 22, 23b).

시편 74편에서 시인이 쏟아내는 말글은 역사의 무대에서 방관자로 계시는 하나님을 향한 애타는 청원입니다. 시편 74편은 73편과 얼핏 다른 시로 비치기도 합니다. 그러나 시편 제3권의 서두에 나오는 두 시(시 73, 74편)는 도대체 다윗 왕조에 무슨 일이 있었는지를 되돌아보게 하는 아픔으로 충만합니다. 이 두 시는 또 시편 제3권의 끝자락에 나오는 또 다른 두 시(시 88, 89편)와 함께 시편 제3권의 소리를 가슴 아픈 통곡으로 듣게 하는 수미쌍관(*inclusio*)을 이룹니다.

시인의 눈앞에 펼쳐진 현실은 도저히 받아들일 수 없는 왕국의 패망입니다. 다윗왕국이 어떻게 해서 세워졌습니까? 하나님이 다윗에게 영원한 언약을 주셔서 세워지지 않았습니까? 그런데 왜 망해 버렸습니까? 시편 74편은 다윗왕국이 무너지면서 더럽혀지고만 하나님의 성소를 참 왕이신 하나님이 이대로 그냥 두고 보실 것이냐고 따지는 목소리로 충만합니다(시 74:2, 3, 7, 8). 시편 73편이

나 74편은 영원히 지속될 것 같았던 하나님의 언약이 폐기 처리된 것 같은 절망의 늪에서 시온의 회복이 도대체 언제, 어디에서, 어떻게 이루어질지를 성찰하게 하는 창을 열어줍니다.[5] 하나님의 백성 이스라엘이 구원에 이르는 길은 어디에 있는지를 깊이 헤아리게 합니다.

시인의 어조는 회상입니다. 시편 74편이 드러내는 회상과 회고는 시편 제3권에 실린 시편 77, 78, 80, 81편에서 극명하게 드러납니다. 회상을 통해서 하나님이 과거에 이루셨던 놀라운 역사를 하나씩 곰곰이 되새기고 있습니다. 이 회상에서 하나님이 허락하셨던 나라가 왜 비탄한 처지에 빠지게 되었는지를 깨닫게 됩니다. 왕이 신적인 권위만 높인 채 공정하게 재판하지 않고 가난하고 가련한 사람들에게 공의를 베풀지 않았기에 하나님의 심판을 받게 된 것이라는 깨우침을 듣게 됩니다. 그런 예언적 성찰은 다음과 같은 소리로도 전달됩니다.

하나님께서 말씀하셨다
"너희는 모두 신들이고
'가장 높으신 분'의 아들들이지만

너희도 사람처럼 죽을 것이고
여느 군주처럼 쓰러질 것이다(시 82:6).

시편 82:6은 논란이 많은 구절입니다. "신의 아들들"이 누구인지를 놓고 의견이 분분합니다. 분명한 것은 한때 신처럼 높임 받았던 왕이라도 토라를 익히고 펼치지 않는다면 왕(멜렉, מלך)이 아니라 사람을 잡아먹는 잡신(몰렉, מלך)이 되고 만다는 사실입니다(시 82:2-4). 그런 자를, 그런 자의 나라를, 하나님이 죽음의 자리로 내몬다는 것입니다.[6)] 그러기에 시인이 외칩니다. "하나님, 일어나셔서, 이 세상을 재판하여 주십시오. 온 나라가 하나님의 것입니다" (시 82:8).

시편 73, 74편을 비롯한 시편 제3권의 탄원들이 제기하는 문제는 신정론(theodicy)에 견줄 수 있습니다. 이스라엘 왕국이 무너지면서 공의로운 하나님이 왜 악한 자도 그냥 두고 계신지를 묻기 시작하였다는 것입니다. 그렇게 볼 때 시편 73, 74, 88, 89편은 선지자 하박국의 탄식(합 1:2-4, 12-17)을 떠올리게 합니다. 사람을 속이고, 탐욕을 채우며, 부당한 이득을 탐내는 자들이 판을 치는 세상에서, 그럼에도 불구하고, 시인이 마침내 드높이는 소리가 무엇입니까? 하나님께 가까이하는 것이 나에게 복이라는 외침이 아닙니까! 이런 외침을 하박국의 말로 바꿔봅니다.

그러나 의인은 믿음으로 산다(합 2:4b).

무화과나무에 과일이 없고 포도나무에 열매가 없을지라도, 올리브나무에서 딸 것이 없고 밭에서 거두어들일 것이 없을지라도, 우리에

양이 없고 외양간에 소가 없을지라도, 나는 주님 안에서 즐거워하련
다. 나를 구원하신 하나님 안에서 기뻐하련다(합 3:17).

하박국이 종내 외치는 "(그럼에도 불구하고) 나는 주님 안에서 즐거워하련다"는 깨우침은 어디에서 얻었습니까? 시편 73편의 용어로 말한다면 하나님의 성소에 들어가서야 얻었습니다. 하나님의 집에서 온전히 숨을 쉬면서부터 인생의 상처를 부둥켜안는 치유를 얻게 되었습니다.

삶을 살림과 구별해서 생각하자고 말씀드렸습니다. 살림이 형이하학적이라면 삶은 형이상학적입니다. 살림은 삶을 위한 디딤돌이 되어야 합니다. 살림은 이 땅 위에다가 세속적인 것을 넓히고자 애쓰지만, 그렇게 하다 보면, 살림에 치여 삶이 끊어지고 마는 경우가 생깁니다. 하지만 삶은, 들숨과 날숨에서도 확인되듯이, 하나님과 소통하는 인생의 깊이를 누리게 합니다. 삶의 깊이가 바로 드리워질 때 살림의 넓이가 제대로 퍼져갑니다. 다석이 가르친 "한 바람 목숨실올을 바로 세워지이다"는 소리가 이 대목에서 우리 귀를 울리는 것은 바른 목숨이란 하늘을 희망하는 한 바람이 될 때, 진리의 올을 바로 세우고 하늘로 솟아올라 가는 한 실올이 될 때, 비로소 옹글게 된다는 가르침에 공감하기 때문입니다.[7]

숨을 바로 쉬면 속알(德)이 밝아지고(明德) 하늘나라를 찾게 됩니다. 다석은 예수를 "예숨"(예서 쉬는 숨)이나 "예(여기)에서 수(능력)를 찾음"이란 뜻으로 읽으려고 하였습니다.[8] 예수 안에서 숨

을 쉴 때 우리는 그 숨 안에서 위(하늘)로 솟아올라 갈 수 있습니다. 다석에 따르면 숨을 바로 쉬어 위로 솟아올라 가 참된 나를 찾고, 그 나를 이어가는 나라를 찾고, 마침내 하나님의 뜻을 이어가는 삶을 찾게 됩니다.[9] 그러니 우리도 이렇게 외쳐야 하지 않겠습니까! "하나님을 가까이하는 것이 나에게 복이 됩니다"라고.

기대가 절망으로 바뀌었기에

시편을 다섯 권으로 구분할 때 제1권(1-41편)과 2권(42-72편)은 다윗 왕조를 배경 삼아 읽을 수 있습니다. 시의 기록연대가 그렇다는 뜻이 아닙니다. 시를 읽는 정황이 그렇게 되어야 한다는 뜻입니다. 여기에 실린 시들은 대부분 "다윗의 시"라는 표제를 지니고 있습니다. 이 시집의 처음(2편)과 끝(72편)이 다윗가문의 통치를 노래하고 있다는 것은 우연이 아닙니다. 앞에서도 지적하였습니다만, 시편 72편에 붙은 표제인 "솔로몬의 시"는 다윗의 후손에게 거는 시인의 소망이 어떤 것인지를 솔직하게 보여주었습니다. 왕이 백성을 공의와 평화로 다스릴 때(시 72:1-4) 하나님은 그에게 온 누리를 다스리는 은총을 베풀어 주신다고 다짐하였습니다. "내가 나의 거룩한 산 시온에 나의 왕을 세웠다"(시 2:6-7)라고까지 말씀하시지 않았습니까!

왕이 이 바다에서 저 바다에 이르기까지,
이 강에서 저 땅 맨 끝에 이르기까지,
모두 다스리게 해주십시오.

광야의 원주민도 그 앞에 무릎을 꿇게 해주시고,
그의 원수들도 땅바닥의 먼지를 핥게 해주십시오.

스페인 왕들과 섬나라 왕들이
그에게 예물을 가져오게 해주시고,
아라비아와 에티오피아의 왕들이
조공을 바치게 해주십시오.
모든 왕이 그 앞에 엎드리게 하시고,
모든 백성이 그를 섬기게 해주십시오(시 72:8-11).

시편 제2권의 끝자락인 시편 72편은 왕을 위한 기도였습니다. 그 왕은 다윗가문입니다. 다윗왕정이 온 세상의 중심이 되기를 소망하였습니다. 이 바다에서 저 바다에 이르는 왕들이 다윗 왕국을 찾아와 조공을 바치게 될 것을 기대하였습니다(10절). 다윗가문이야말로 주님의 공의와 공평을 온 땅에 구현하는 청지기이기를 바랐습니다(4절, 참조, 12-14절). 그만큼 다윗의 통치에 대해 호의적입니다. 그만큼 다윗의 통치에 기대를 걸고 있었습니다.

하나님이 다윗 가문을 통해서 온 세상을 다스리신다는 신념은 시편의 제3권(73-89편)에 들어서서도 결코 포기되지 않았습니다.

그는 백성을 양 떼처럼 인도하시고
가축 떼처럼 광야로 이끄셨다.
…
그리고 주님은 요셉의 장막을 버리시고
에브라임 지파도 선택하지 아니하셨다.

오히려
유다 지파만을 선택하셨으며
그가 사랑하신 시온 산을 뽑으셨다.
…
주님의 종 다윗을 선택하시되
양의 우리에서 일하는 그를 뽑으셨다.

암양을 돌보는 그를 데려다가
주님의 백성 야곱과
주님의 유산 이스라엘의 목자가 되게 하셨다(시 78:52, 67-68, 70-71).

시편 78편은 이스라엘 역사를 신앙의 언어로 다듬어 놓은 시어입니다. 여기에는 역사의 부침 속에서도 결코 무너지지 않았던 시온에 대한 감격이 서려 있습니다. 역사적으로 볼 때 시온은 난공불

락의 요새입니다. 기원전 721년 북왕국 이스라엘이 망하던 순간에도 남왕국의 도성 예루살렘은 무너지지 않았다는 자부심이 이 시에는 서려 있습니다. 기원전 587년 훼파되기 전까지 예루살렘은 숱한 전란을 견디어냈던 난공불락의 요새였습니다. 그런 역사적 경험이 시온은 구원의 산성이요, 반석이요, 요새라는 고백을 낳게 되었습니다. 왜 시온이 구원의 산성, 요새, 반석이 되었습니까? 건물이 튼튼해서입니까? 아닙니다! 하나님이 그 성을 붙들고 계셨기 때문입니다. 시인의 눈에 비친 시온은 하나님이 택하신 성소입니다. 주님은 요셉의 장막을 버리시고 시온 산을 자기 성소가 있는 곳으로 택하셨습니다(시 78:67-72).

다윗의 통치에 대한 이 같은 기대는 시편 제3권에서는 그리 오래가지 않습니다. 아니 시편 제3권은 처음부터 그 분위기를 싸늘하게 설정해 놓았습니다. 왕조에 대한 기대가 실망으로 바뀌면서 시인이 쏟아내는 분노가 시편 제3권의 전반적인 분위기입니다. 다윗왕정에 대한 소망 못지않게 다윗왕정에 대한 실망이 진하게 거론됩니다. 그 클라이맥스가 시편 제3권의 마지막인 시편 88, 89편입니다. 특히 시편 89편은 다윗과 맺은 하나님의 언약이 수포로 돌아가고 만 역사적 현실에서 심한 좌절과 아픔을 느끼고 있습니다. 그 아픔이 낳은 시가 바로 이것입니다.

그러나 주님은,
주님께서 기름을 부어서 세우신 왕에게

노하셨습니다.
그를 물리치시고
내버리셨습니다.

주님은 주님의 종과 맺으신 언약을
파기하시고,
그의 왕관을 땅에 내던져
욕되게 하셨습니다.

주님께서 모든 성벽을 허무시고,
요새마다 폐허를 만드셨습니다.

길로 지나가는 사람마다
그를 약탈하고,
그는 이웃들에게
수치거리가 되었습니다(시 89:38-41).

시편 89편은 둘로 구분됩니다. 전반부(1-37절)는 다윗왕권을 지켜달라는 기도입니다. 창조주 하나님이 다윗에게 거룩한 기름을 부어 주셨던 것을 상기하고 있습니다(시 89:20). 시의 후반부(38-52절)는 하나님이 다윗과 이스라엘을 저버리신 것에 대한 탄원입니다. 그 탄원의 시작이 "그러나 주님은, 주님께서 기름을 부어서 세우신 왕에게 노하셨습니다"입니다(시 89:38).

시편 89:38-52는 탄원입니다. 다윗왕조가 패망한 자리에서 토로하는 울부짖음입니다. 시인이 거론하는 것은 역사의 혼돈입니다. 예루살렘의 멸망입니다. 시온의 파멸입니다. 다윗왕조의 종언입니다. 예나 지금이나 통치자가 바뀌는 시기에는 민심이 흉흉합니다. 과도기여서 그렇습니다. 전환기여서 그렇습니다. 더구나, 그 전환기가 한 나라의 멸망에서 비롯된 것이라면 혼돈한 역사가 가져다주는 중압감은 훨씬 더 무겁습니다. 시편 89:38-52의 분위기가 그러합니다.

시편 89:38-52는 시편의 메시지를 둘로 가르는 분수령 역할을 합니다.[10] 이제부터 시인의 관심사는 "왜"가 아니라 "언제까지"로 바뀌게 됩니다.

주님,
언제까지입니까?
영영 숨어 계시렵니까?
언제까지
주님의 진노를
불처럼 태우려고 하십니까?
…
산 사람치고
어느 누가 죽지 않고 살 수 있겠습니까?

어느 누가 제 목숨을
스올의 손아귀에서
건져낼 수 있겠습니까?

주님,
주님의 신실하심을 두고,
다윗과 더불어 맹세하신
그 첫사랑은 지금 어디에 있습니까?(시 89:46, 48-49)

시편 89편의 기도는 끝까지 탄원조를 유지합니다. 어쩌면 시인은 "님"이 아니라 "남"이 되어버린 하나님을 탓하고 있는지 모릅니다. 하지만 시인은 절망의 끝자락에서 다윗에게 맹세하신 하나님의 "그 첫사랑"을 붙들었습니다. 그러면서 "그 첫사랑은 지금 어디에 있습니까?"라고 묻습니다. 희망은 다윗에게 있지 않습니다. 희망은 하나님에게서 옵니다.

시인 강은교는 물소리는 물이 길을 찾아가는 소리라고 말했습니다.[11] 물소리는 물이 내는 소리가 아닙니다. 물이 길을 찾아가며 돌에 부딪치고 나무와 마주치면서 내는 소리입니다. 아니, 물끼리 몸을 비비는 소리입니다. "주님, 언제까지입니까? 언제까지 주님의 진노를 불처럼 태우려고 하십니까?"라는 애가도 마찬가지입니다. 결코, 절망 중에 읊조리는 혼잣말이 아닙니다. 애가는 하나님을 찾는 소리입니다. 물이 길을 찾아갈 때 내는 소리처럼 하나님의 사랑과 부딪치며 내는 소리입니다.

신념에서 신앙으로

왕국의 패망은 정신사적으로 전환점 역할을 합니다. 지금까지 이스라엘은 자기들이 하나님의 백성이라는 신념을 붙들고 살았습니다. 그러나 나라가 망하고 유배지로 끌려가고 난 뒤부터는 자기들을 붙잡아 줄 신앙을 찾게 됩니다. 자유해방을 누리던 나라가 억압받는 백성으로 뒤집어지는 현실이 오히려 신념에서 신앙으로 가는 길을 열어주었습니다. 신념과 신앙은 다릅니다. 신념은 내가 붙드는 것입니다. 신앙은 나를 붙드는 것입니다. 시편 89편은 이스라엘이 신념에서 신앙으로 가는 길에 들어서지 않으면 안 되었던 정신적 정황을 보여줍니다.

시편 제3권에 실린 시편 76, 84, 87편은 이런 흐름에서 갈무리되어야 합니다. 이 시들은 하나님의 임재 안에서 누리는 기쁨을 서정시조로 읊고 있습니다. 이 시들은 흔히 시온을 노래하는 찬송시로 간주합니다. 이 찬송시에서 시온은 온 나라를 다스리시는 하나님의 주권이 있는 곳입니다. 온 세상을 통치하는 하나님의 법정이 있는 곳입니다. 신실한 하나님의 사람이 복을 받고 행복을 누리는 하나님의 처소가 있는 곳이 바로 시온입니다.

이런 시온의 노래들은 성전의 상실을 애달파하는 시편 73, 74편과는 그 분위기가 다릅니다. 시온의 하나님을 찬양하기 때문입니다. 성전에 계신 하나님 안에서 누리는 기쁨과 행복을 기리기 때문입니다. 왕국의 패망을 서러워하는 시들이 이스라엘의 절망을 전한다면, 시온의 하나님을 그리워하는 시들은 이스라엘의 희망을 전하고 있습니다. 그래서 성서학자들 가운데에는 시편 76, 84, 87편을 종말론적인 기대가 담긴 시로 읽기도 하였습니다. 바빌론 유배지 생활을 마치고 고향으로 돌아가 성전을 새롭게 재건한 자들의 상황이 반영된 시로 추정하기도 하였습니다.[12]

그러나 꼭 그렇지만도 않습니다. 시편 76, 84, 87편은 예루살렘이 정치적 사회적 군사적 충격을 겪었지만, 그렇다고 해서 하나님의 성소가 끝장난 것은 아니라는 사실을 보여주고 있다고 말할 수도 있습니다. 시편 제3권의 시온시들은 나라가 망하자 덩달아 생기를 잃고 만 하나님의 사람들에게 소망을 안겨주는 역할을 합니다. 어둠의 자리에 갇혀 있는 자들을 그 절망의 자리에서 끄집어내려는 시편기자의 의도가 시편 제3권의 암울한 지평 속에 이런 시온시들을 배치해 놓았다고 볼 수도 있습니다.[13] 그런 맥락에서 시편 제3권의 시온시를 살펴보아야 합니다. 시편 84편은 그 한 예에 듭니다.

만군의 주님
나의 왕, 나의 하나님
참새도 주님의 제단 곁에서 제집을 짓고
제비도 새끼 칠 보금자리를 얻습니다.

주님의 집에 사는 사람들은 복됩니다
그들은 영원토록
주님을 찬양합니다(시 84:3-4).

누가 복된 사람입니까? 주님의 집에서 사는 자들입니다! 인생살이의 안전은 우리 노력에 달려 있지 않습니다. 노력한다고 해서 삶이 마냥 안전하게 되는 것은 아닙니다. 삶이 평안한 것은 순전히 하나님의 은총입니다. 하나님의 임재가 함께할 때 삶에는 비로소 평화가 자리 잡습니다. 그 확신의 바탕은 믿음입니다. 큰 믿음이 아닙니다. 작은 믿음입니다. 그런 믿음을 오늘의 언어로 바꾸어 보았습니다.

제비는
진흙을 이겨
집을 짓는다.

진흙이 무엇을
뜻하는 것임을 모르고
알을 까기 위하여
그것을 이겨
집을 짓는
맹목적인 슬기

진흙이 무엇을
뜻하는 것인지
누가 아랴,

그것을 이겨
눈에 바르고
보냄을 받은
실로암의 연못에서
씻음으로 장님은
눈을 뜬다.

심령의
눈먼 자여
영혼의 장님이여
안다는 그것으로
눈이 멀고
보인다는 그것으로
보지 못하는
오만과 아집 속에서
진흙을 이겨
눈에 바르게 하라.

진흙이 무엇을
뜻하는 것인지도 모르고
제비는 둥우리를 마련하여
알을 까는 믿음.

진흙을 이겨
눈에 바르고
보냄을 받은 실로암의
연못에서
눈을 씻자[14](박목월, "믿음의 흙 – 요한복음 9장 1–11절").

박목월의 시 "믿음의 흙"에는 그의 아들 박동규가 붙인 해설이 있습니다. 어릴 적 고향 할머니 집 처마 밑에는 제비집이 있었습니다. 그 제비집을 보며 흥부 생각을 했습니다. 어느 날 제비가 둥우리에 들어갔다 나와서 하늘로 날아가자 얼른 마당에 있던 장대로 제비집 둥지를 툭툭 쳤습니다. 박 씨를 찾고자 하였습니다. 결국, 제비집을 부서뜨렸습니다. 대문에 들어서시던 아버지 박목월 시인이 보고서 호통을 쳤습니다. "이놈아 제비집을 왜 부수나." 그날 저녁 아버지가 마루 끝에 아들을 앉히고 말씀하셨습니다. "저 제비집을 봐라. 제비가 진흙을 물어 한 알 한 알 집을 지어가는 것은 알을 까려고 하는 것이지만, 진흙이 집이 된다는 것은 제비만의 믿음 때문에 할 수 있는 일이야. 우리가 하나님을 믿는 것도 마찬가지야.

진흙이 무엇인지 모르고도 제비가 한 입, 한 입 물어와 둥우리를 만들 듯이 하나님을 믿고 우리가 세상을 살아가면 훌륭한 둥우리를 가지게 되는 것이야."[15]

하나님을 의심하지 않는 것, 그것이 바로 믿음이라는 것입니다. 시편 84편을 읽으면서 박목월의 시를 떠올린 이유가 여기에 있습니다. 제비가 진흙을 물고 와 집을 짓듯이 우리도 기도하면 하나님은 우리가 바라는 둥우리를 마련해 주신다는 것입니다. 시편 84편의 노래 속에는 이런 믿음이 강하게 자리 잡고 있습니다.

주님께서 주시는 힘을 얻고
마음이 이미 시온의 순례길에 오른 사람들은
복이 있습니다.

그들은 눈물 골짜기를 지나갈 때에
샘물이 솟아서 마실 것입니다.
가을비도 샘물을 가득 채울 것입니다.
…
주 만군의 하나님
나의 기도를 들어 주십시오.
야곱의 하나님
귀를 기울여 주십시오.

우리의 방패이신 하나님
주님께서 기름을 부어 주신 사람을
돌보아 주십시오.

주님의 집 뜰 안에서 지내는 하루가
다른 곳에서 지내는 천 날보다 낫기에
…
만군의 주님
주님을 신뢰하는 사람에게 복이 있습니다(시 84:5-6, 7-9, 12).

주목할 것은 시온을 찾아 먼 길을 온 사람의 기도가 자신을 위한 것이 아니라는 점입니다. 시인은 지금 "주님께서 기름을 부어 주신 사람"을 위해서 기도합니다(시 84:9). 왕이 차라리 성전의 문지기가 되기를 바라고 있습니다. 그래야 세상이 제대로 돌아간다고 판단하고 있습니다. 왕에 대한 기대가 여기에 있습니다. 중요한 것은 건물이 아닙니다. 하나님입니다. 하나님 한 분으로 만족할 줄 알아야 합니다! 하나님을 위하여 살아갈 줄 알아야 합니다. 그 믿음을 사도 바울은 이렇게 옮겼습니다.

그러나 우리는 이 모든 일에서 우리를 사랑하여 주신 그분을 힘입어서 이기고도 남습니다. 나는 확신합니다. 죽음도, 삶도, 천사들도, 권세자들도, 현재 일도, 장래 일도, 능력도, 높음도, 깊음도, 그 밖에 어떤 피조물도, 우리를 우리 주 예수 그리스도 안에 있는 하나님의 사랑에서 끊을 수 없습니다(롬 8:37-39).

우리는 살아도 주님을 위하여 살고, 죽어도 주님을 위하여 죽습니다. 그러므로 우리는 살든지 죽든지 주님의 것입니다(롬 14:8).

시편 제4권, 또 다른 시작의 여울목

시편 제4권(시 90-106편)과 제5권(107-150편)은 하나로 이어집니다. 시편 제4, 5권의 시들은 시편 제1, 2, 3권이 하나로 이어지듯 하나로 연결됩니다. 이때 시편 제1-3권이 질문 역할을 한다면, 제4-5권은 그 질문에 대한 해답 구실을 합니다.[1] 여기에 수록된 시들이 전하는 하나님 이야기는 모두 다윗시대보다 훨씬 이전으로 거슬러 올라갑니다. 하나님이 이스라엘과 맺으신 언약을 상기할 때 다윗언약보다 훨씬 앞서 이루어졌던 언약을 떠올리고 있습니다.

시편 제4권은 "하나님의 사람 모세의 기도"라는 표제를 단 시로 시작하여(시 90편) "모세"라는 이름이 나오는 연거푸 나오는 시로 마감합니다(시 106편). 시편 90-106편은 모세로 시작해서 모세로 끝을 맺는 짜임새를 이루고 있습니다.[2] 짜임새만 그런 것은 아닙니다. 시편 제4권의 시들은 그런 구조 안에 탄원과 찬양의 이중주를 반복적으로 연주하면서, 한 편에서는 "기도"라는 이름으로 주님의 은총을 빌면서도(시 90, 102편), 다른 한 편에서는 "찬양하라"는 부름말로 하나님의 사랑과 긍휼로 우리를 초대합니다. 그 기도와 찬양 속에 미래를 향한 비전이 담겨 있습니다.

시편 90–106편의 비전은 단순히 잃어버린 땅을 되찾는 것에 머무르지 않습니다. 바빌론 유배지로부터의 회복에 머물지 않습니다. 야곱의 자손이 무너진 골고다에서 하나님의 백성 이스라엘이 탄생되는 부활을 꿈꾸고 있습니다. 그것은 "그 누구도 밤을 지나지 않고는 새벽에 다다를 수 없다"는 시인의 통찰과 맞닿아 있습니다.[3)]

다윗에서 모세로

시편 제4권은 "하나님의 사람 모세의 기도"라는 표제가 붙은 시편 90편으로 시작합니다. 지금까지 다윗에게 주어졌던 "하나님의 사람"(이쉬 하엘로힘, **אִישׁ האלהים**)이라는 칭호가 모세에게로 이관되고 있습니다. 시편의 표제에 "모세"가 나오는 경우는 시편 90편이 유일합니다. 시 안에 모세의 이름이 거론되는 경우도 시편 77:20을 제외하면 시편 제4권에서만 나옵니다.

시편 90–106편을 펴놓고 읽어보십시오. 시인의 글말의 어디에 모세가 등장합니까? 우선 맨 먼저 "하나님의 사람 모세의 기도"(시

90:1)라는 표제가 나옵니다. 하나님의 뜻을 펼치는 인물을 꼽을 때 "그의 제사장 가운데는 모세와 아론이 있었다"라고 말합니다(시 99:6). 공의를 세우고 억눌린 사람의 권리를 변호해 주시는 주님이 "모세에게 주님의 뜻을" 알려 주셨다고 말합니다(시 103:7). 출애굽 무렵 이스라엘 백성에게 표징과 기사를 행하고자 했던 하나님은 "그의 종 모세와 택하신 아론을" 출애굽의 무대로 파송하셨다고 기억합니다(시 105:26). 또 이스라엘이 광야 길을 걷던 시절 모세는 질투하고 우상숭배하며 목마르다고 투정하는 백성 탓에 모욕도 당하고 마음도 상했으며, 화도 냈었다고 지적합니다(시 106:16, 23, 32, 33). 시편 90편은 이런 배경에서 시편 제4권의 첫 시로 등장합니다.

주님은 대대로 우리의 거처이셨습니다.

산들이 생기기 전에
땅과 세계가 생기기 전에
영원부터 영원까지
주님은 하나님이십니다.

주님께서는 사람을 티끌로 돌아가게 하시고
"죽을 인생들아, 돌아가거라" 하고 말씀하십니다.
…

주님께서 생명을 거두어 가시면
인생은 한순간의 꿈일 뿐
아침에 돋아난 한 포기 풀과 같이
사라져갑니다(시 90:1-3, 5).

시편 90-106편은 다윗왕조의 멸망(시 89편)과 종말의 때 누릴 기쁨(시 107:1-3) 사이에서 구원을 기다리는 신학을 요약해 놓았습니다.[4] 시편 제4권은 제3권의 마지막(시 89편)과 제5권의 들머리(시 107편) 사이에서 하나님이 어떤 분이신지를 각인시키는 말꽃의 세계를 펼칩니다. 그런데 이 말꽃이 우리를 창조 이전의 세계로 인도합니다. 주님은 "산들이 생기기 전에, 땅과 세계가 생기기 전에, 영원부터 영원까지, 하나님이십니다"(시 90:2)라고 회상하지 않습니까! 그 하나님에 비해서 사람은 "아침에 돋아난 한 포기 풀과 같이 사라져가는"(시 90:5) 존재에 불과하지 않습니까! 영원부터 영원까지 계시는 하나님에 비해서 인생이란 진정 "한순간의 꿈"이지 않습니까!

시편 90편을 비롯해서 시편 제4권의 시들은 다윗왕조가 패망한 이후의 정황을 그 배경으로 삼습니다. 나라가 망하고, 성전이 무너지고, 백성은 이리저리 뿔뿔이 흩어져 살던 시대를 그 밑그림으로 삼습니다. 그런 상실의 자리에서, 그런 유배지에서, 그런 나그네살이에서 깨닫게 된 인생의 무게가 "아침에 돋아나서 꽃을 피우다가도 저녁에는 시들어서 말라 버리는" 풀에 지나지 않습니다. 그렇다면 도대체 사람의 희망은 어디에 있습니까? 이스라엘의 희망은 어디에 있습니까?

주님, 돌아와 주십시오.
언제까지입니까?
주님의 종들을 불쌍히 여겨 주십시오.

아침에는 주님의 사랑으로 우리를 채워 주시고
평생토록 우리가 기뻐하고 즐거워하게 해주십시오.
…
주 우리 하나님
우리에게 은총을 베푸셔서
우리의 손으로 하는 일이 견실하게 하여 주십시오.
우리의 손으로 하는 일이 견실하게 하여 주십시오(시 90:13-14, 17).

이스라엘의 희망은 창조주 하나님에게서 옵니다. 정확하게 말해, 창조주 하나님과 이스라엘이 어떤 관계를 맺고 사는지에 달려 있습니다. 하나님을 피난처로 삼고(시 91편), 주님을 찬양하고 감사하며 예배하고(시 92편), 야훼 하나님을 인생의 왕으로 모시고 삶의 여정을 걸어갈 때(시 93-100편) "주님의 사랑이 영원에서 영원까지 이르는"(시 90:2, 103:17) 감격을 회복하게 될 것입니다.

그런데 왜 시편 제4권에서는 모세의 이름이 크게 거론되는 것일까요? 시편 제4권에서는 다윗보다 모세가 크게 돋을새김 되는 자리에 있습니다. 왜 그럴까요? 시편 90-106편의 상황이 왕국이 없고, 자기 땅이 없고, 성전이 없던 시대였다는 점을 헤아려야 합니다. 한마디로 황량한 시대를 걸어야 했던 시절이었습니다. 거칠고 암울한 시절에 시편 기자는 건강한 삶의 표상을 찾기 위해서 모세시대로 회귀합니다. 광야를 걷던 시절로 돌아갑니다. 거칠고 메마른 광야를 나그네 신분으로 걸어가던 시절에 하나님이 오히려 "놀랍고도 원초적인 방식으로" 자기를 계시하셨던 자취에서 오늘을 이겨가는 지혜를 얻고자 하였습니다.[5] 하나님의 사람이 이제부터 다시 따라가야 할 이정표로 이집트를 떠나 가나안으로 가던 그 시절에 하나님이 이스라엘에게 주셨던 말씀과 약속을 떠올리고 있습니다.

따져 보면 시편 제4권에는 모세와 아론의 이름만 나오는 것은 아닙니다. 아브라함(시 105:6, 9, 42), 이삭(시 105:9), 야곱(시 94:7, 105:6, 10), 요셉(시 105:17), 아론(시 99:26, 105:26, 106:16), 사무엘(시 99:6)도 나옵니다. 심지어 아론의 손자 비느하스도 나옵니다(시 106:30; 참조, 민 27:7). 왜 이렇게 다양한 조상들이 시인의 입에 오르내리고 있습니까? 시편 제4권의 기조가 역사 회상이어서 그렇습니까? 아닙니다. 그렇게만 생각해서는 안 됩니다. 시편 제4권에 소개되는 이런저런 신앙위인들은 모두 다 신실하게 광야 여정을 헤쳐나갔던 주인공들입니다. 그들이 걸어야 했던 인생길은 모양새에서 서로 다릅니다. 하지만 그들은 모두 하나님의 말씀을 좇는 길을 걸었습니다. 바로, "그 길"을 걸었습니다. "천 명 만 명이 좌우에서 쓰러져도"(시 91:7) 하나님은 그들의 발이 "돌부리에 부딪히지 않게" 붙들어 주셨습니다(시 91:11-12). 그런 자에게 하나님이 말씀하십니다.

그가 나를 간절히 사랑하니
내가 그를 건져 주겠다.
그가 나의 이름을 알고 있으니
내가 그를 높여 주겠다.

그가 나를 부를 때에
내가 응답하고
그가 고난을 받을 때에
내가 그와 함께하겠다.
내가 그를 건져 주고
그를 영화롭게 하겠다(시 91:14-15).

흘러간 옛 노래, 불러야 할 새 노래

시편 90-106편에 등장하는 아브라함, 이삭, 야곱, 요셉, 모세, 아론, 사무엘 등은 모두 이스라엘 신앙의 증인들입니다. 하나님에 관해서 설명하던 자들이 아니라 살아 계신 하나님을 증언하던 증인들입니다. 이들은 모두 "그가 이루신 놀라운 일들을 전하라"(시 105:2)라는 단성(單聲) 모티프를 다성(多聲)의 화음으로 들려준 주인공들입니다. 이들은 역량이나 개성에서 각기 서로 다릅니다. 그러나 이구동성으로 인생의 광야를 신앙인의 요람으로 삼았다고 증언합니다. 이처럼 시편 제4권의 시들은 선조의 신앙 모티프를 이스라엘의 정체성을 파악하는 레퍼런스(reference)로 활용합니다. 당시의 신앙공동체가 이스라엘의 청사진을 다윗시대보다 훨씬 이전에 있었던 족장시대, 출애굽시대에서 구하고자 하였다는 것입니다.

족장들과 모세가 남긴 삶의 흔적을 시편의 시로 변용하는 과정에는 시가 책이 되던 당시의 사회적 힘이 작용하였습니다. 시편 제4권의 시들은 단순히 이스라엘의 족장사나 출애굽 이야기를 시인의 말로 옮기는 것으로 그치지 않았습니다. 시인은 자기 시대의 꿈과 비전을 아브라함과 모세가 걸어갔던 족적(足跡)에서 찾아냈습니다. 다윗의 자리를 아브라함이나 모세로 대체한 이유가 여기에 있습니다. 아브라함과 모세가 다윗을 대신하여 눈길을 끄는 까닭이 여기에 있습니다.

시편 제3권의 회두리판인 시편 89편은 다윗왕조를 향한 하나님의 영원한 언약이 무너져 내린 비극을 가슴 아파하였습니다. 물론 그 시의 전반부는 다윗과 이룬 하나님의 맹세를 상기시키고 있습니다. 하지만, 시편 89편의 전체 가락은 주님이 기름 부어 세우신 왕(시 89:51)이 세웠던 왕조가 패망하고 만 자리에서 이제부터 장차 이스라엘의 운명은 어떻게 될 것인지를 염려하는 짙은 우려였습니다.[6] 그런 염려에 대한 응답이 시편 93, 96-99편입니다.

주님이 다스리신다.
위엄을 갖추시고
능력의 허리띠를 띠시며 다스리신다.
그러므로 세계도 굳건히 서서
흔들리지 아니한다.

주님
주님의 왕위는
예로부터 견고히 서 있었으며
주님은 영원 전부터 계십니다.
…
주님의 증거는 견고하게 서 있으며
주님의 집은 영원히
거룩함으로 단장하고 있습니다(시 93:1-2, 5).

시편 89편은 "언제까지 주님의 진노를 불처럼 태우려고 하십니까?"와 같은 질문으로 끝막음을 하였습니다. 시편 93편은 그런 응답의 판박이입니다(비교, 시 96-99, 148-149편). 그것이 무엇입니까? 바로, "주님이 다스리신다"입니다! 지금까지 사람들은 다윗의 후손을 가리켜 왕이라고 불렀습니다. 하지만 이제부터는 하나님이 왕이시라고 고백하여야 합니다. 다윗이 우리를 다스린다는 소리는 이젠 흘러간 옛 노래입니다. 이제부터 이스라엘의 입술에 들린 새 노래는 "주님이 우리를 다스리신다"가 되어야 합니다.

오해하지 마십시오. 시인이 혼란스런 역사를 몰라서 그런 소리를 하는 것이 아닙니다. 시인은 자기 주변을 둘러싸고 있는 카오스의 현실을 너무나 잘 알고 있습니다. 카오스는 구약에서는 흔히 물로 상징됩니다. 깊은 물로 상징됩니다. 그러나 그 카오스의 물을 대번에 진압해 버리는 물이 바로 "하나님의 강"입니다.[7)]

주님
강물이 소리를 지릅니다.
강물이 그 소리를 더욱 높이 지릅니다.
강물이 미친 듯이 날뛰며
소리를 높이 지릅니다.

큰 물소리보다 더 크시고
미친 듯이 날뛰는 물결보다 더 엄위하신 주님
높이 계신 주님은 더욱 엄위하십니다(시 93:3-4).

세상을 시끄럽게 하는 큰 물소리보다 주님이 더 크시다는 선언은 역사의 혼돈에 대한 시인의 처방입니다. 세속의 문제에 관한 종교적 처방입니다. 그 처방은 이스라엘 신앙의 기본으로 돌아가라는 충고입니다. 다윗 왕 이전에, 사울 왕 이전에, 이스라엘에는 이미 왕이 있었다는 것입니다. 그 왕이 바로 야훼 하나님이셨습니다. 창조의 주님 야훼가 본래 이스라엘의 왕이셨습니다(참조, 삼상 8:7). 그러니까 주님이 우리를 다스리신다고 소리치게 하는 외침은 이스라엘의 근본을 되찾자는 소리입니다.[8)]

시편 제4권에 수록되어 있는 왕을 위한 노래(시 90-91, 93, 96-99편)는 희망의 본질이 무엇인지를 제시합니다. 하나님이 너무나 멀리 계신다고 느낄 때, 온 나라가 암흑에 빠져 있다고 인식될 때, 하나님의 사랑이 세상 폭군들에게 가려서 잘 보이지 않을 때, 하나님의 사람은 새 노래(시 96:1)를 불러야 한다는 것입니다. 그 새 노래의 가사가 이것입니다.

모든 나라가 외치리라
주님께서 다스리시니
세계는 굳게 서서 흔들리지 않는다.

하늘아, 기뻐하라
땅아, 크게 외쳐라
바다와 거기에 가득 찬 것들아 다 크게 즐거워하라.

들과 거기에 있는 모든 것들아

다 기뻐하며 뛰어라.

숲 속의 나무들아, 모두 즐거이 노래하라.

주님이 오신다.

주님께서 땅을 심판하러 오신다.

숲 속의 나무들도 주님 앞에서 즐거이 노래한다.

주님은 바르게 세상을 심판하시며

올곧게 뭇 백성을 다스리신다(시 96:10-13, 사역).

새 노래는 인생살이, 세상살이의 주어를 바꾸게 합니다. 내가 다스린다고 우기던 자에게 주님이 다스리신다는 것을 일깨워 줍니다. 하늘과 땅을 펴시고 그 안에 온갖 창조물을 두신 창조주 하나님이 역사의 주님이 되신다는 것을 일깨워 줍니다. 야훼 하나님은 혼돈한 땅을 창조의 공간으로 바꾸셨습니다. 창조의 아침은 주 하나님의 손길에서 비롯되었습니다. 주 하나님이 다스리실 때 세상은 비로소 질서를 지니게 됩니다. 저녁이 되고 아침이 되는 창조의 질서는 이스라엘 백성의 포로기에 더욱 절실하게 가슴에 와 닿습니다. 시편 제4권(90-106편)에서 단연 돋보이는 주제가 주님이 다스리신다는 선언인 것은 이 때문입니다(시 93:1, 96:10, 97:1, 99:1). 다윗가문이 다스린다가 아닙니다. 주님이 다스리신다는 것입니다. 다윗 왕정의 회복을 말하는 것이 아닙니다. 하나님의 주권이 이 땅에 실현된다는 것을 말합니다.

천자문을 다시 펴들었습니다. 천자문은 사언고시(四言古詩) 형태로 되어 있습니다. 그런데 그 첫 문장서부터 말문이 막힙니다. 천자문의 첫 문장은 잘 아시듯 천지현황(天地玄黃)입니다. 하늘 천(天), 땅 지(地), 검을 현(玄), 누를 황(黃). 하늘은 검고 땅은 누렇다는 것입니다.[9] 그런데 아무리 쳐다보아도 하늘은 검지 않습니다. 땅 색깔은 누렇다고 볼 수도 있습니다. 한자의 황(黃)이 황하(黃河) 유역의 중국 땅 색깔을 가리킨다고 볼 수도 있습니다. 문제는 하늘색입니다. 하늘은 아무리 보아도 검지 않습니다. 물론, 한자의 현(玄)을 두고 하늘색보다는 어둡고 텅 빈 속성을 추상적으로 표현하는 단어라고 풀이하는 사람도 있습니다. 그렇지만 아무래도 천지현황의 천자문에서 배우는 것은 문자와 현실 사이에 자리 잡고 있는 모순입니다.[10]

교실에서 배우는 것과 현실에서 겪은 것 사이에는 모순이 있습니다. 현실과 이상 사이에는 모순이 있습니다. 천자문 공부를 하자는 것이 아닙니다. 사람이 달라지지 않고서는 세상이 달라지지 않는다는 것을 말하려는 것입니다. 사람이 달라지면 보는 눈도 달라진다는 것입니다. 그럴 때 눈에 비친 사물의 색깔도 달라질 수 있습니다. 시인의 현실은 세상을 보게 하는 눈을 뜨게 해줍니다. 시인이 당하는 수난과 수모는 신앙적 법고창신(法古創新)을 이루게 하는 터전이 됩니다. 어떻게 달라져야 합니까? 사람이 주어인 인생에서 하나님이 주어인 인생으로 달라져야 합니다.

새 출발의 간주곡

시편 제4권의 시들 가운데는, 오래전 버나드 앤더슨(Bernhard Anderson)이 말한 대로 한다면, "이야기 방식"(narrative mode)으로 표현된 시들이 있습니다.[11] 특히 시편 104–106편의 시가 그러합니다. 물론 시편 104–106편만 그런 방식으로 기술되어 있는 것은 아닙니다. 앞에서 살펴보았던 역사를 회상하는 시편 78, 89편도 시로 쓴 내러티브(narrative)에 들어맞습니다.

시편 104–106편은 시로 쓴 이스라엘 역사입니다. 엄밀하게 말해 시편 104편은 자연의 무대를 연출하신 창조주 하나님을 기립니다. 시편 105–106편은 이스라엘 역사의 매 마디마다 경험하였던 하나님의 은총을 강조합니다. 그 매듭마다 도드라졌던 이스라엘의 불순종을 그루박습니다. 창조와 역사! 시편 104편과 105–106편 사이에는 그런 차이가 있습니다. 게다가 시편 105–106편 안에는 하나님의 신실하심과 불순종하는 이스라엘의 대조가 담겨 있습니다. 신실하신 하나님이 직수굿하지 못하는 이스라엘에게 실망하셨습니다. 분노하셨습니다. 그래서 이스라엘과 그 왕국을 결딴나게 하셨습니다. 그렇다면 왜 시편 제4권의 마지막은 시로 쓴 이스라엘 역사를 펼치게 된 것일까요? 그 이유는 그 앞에 수록되어 있는 시편 102편의 거친 목소리에서 찾아야 합니다.

시편 102편에는 "가련한 사람이 고난을 받을 때에, 자신의 고민을 주님께 토로하는 기도"라는 표제가 붙어 있습니다. 이 표제가 해석하듯 시편 102편은 탄원입니다. 개인이 부르는 애가입니다. 시편 102편은 시편 90-106편으로 구성된 시편 제4권의 세계에서 꽤나 이질적입니다. 고백과 감사와 찬양과 회고를 시의 터전으로 삼은 시편 제4권에서 시편 102편은 유독 진한 탄원을 으뜸가락으로 삼고 있습니다.

> 아, 내 날은 연기처럼 사라지고
> 내 뼈는 화로처럼 달아올랐습니다.
>
> 음식을 먹는 것조차 잊을 정도로
> 내 마음은 풀처럼 시들어서
> 말라버렸습니다.
>
> 신음하다 지쳐서
> 나는 뼈와 살이 달라붙었습니다(시 102:3-5).

시편 102편은 전형적인 탄원시에 속합니다. 겉으로는 한 인생의 고독과 시련, 질병과 고통을 토로하는 하소연처럼 들립니다. 그러나 탄식의 지평에서 솟구치는 또 하나의 목소리는[12] 시인의 탄원이 다름 아닌 시온의 회복을 바라는 밤중의 기도인 것을 깨닫게 합니다. 그래서일까요? 시편 102편에는 고쳐달라고, 구원해 달라고, 구출해 달라고 비는 기도가 전혀 나오지 않습니다. 다만, 하나님을 노래할 뿐입니다. 하나님이 이루실 시온의 회복만을 기다릴 뿐입니다. 그런 점에서 시편 102편은 독특합니다.

그러나 주님
주님은 영원히 보좌에서 다스리시며
주님의 이름은 대대로 찬양을 받을 것입니다.

주님, 일어나셔서 시온을 긍휼히 여겨 주십시오.
때가 왔습니다.
시온에 은혜를 베푸실 때가 왔습니다.
주님의 종들은 시온의 돌들만 보아도 즐겁습니다.
그 티끌에도 정을 느낍니다(시 102:12-14).

시인은 시온의 회복을 기다리고 있습니다. 시온으로 돌아가기를 기다리고 있습니다. 그래서 "시온에서 주님의 이름이 널리 퍼지고, 예루살렘에서 주님께 드리는 찬양이 울려 퍼질 때에, 뭇 백성이 다 모이고 뭇 나라가 함께 주님을 섬길 것이다"(시 102:21-22)라는 외침에는 역사의 마지막 때에 이루어질 시온의 회복이 강하게 표출됩니다.[13)] 이것은 마치 이사야 39장이 전하던 예루살렘의 패망이 이사야 40장에 접어들면서 포로살이에서 벗어나 시온으로 귀향하는 행렬로 바뀌는 이치와도 비슷합니다. 이렇게 볼 때 시편 102편은 온 세상이 혼돈에 빠진 것처럼 보이는 때에도 하나님의 현존을 긍정하는 드넓은 안목을 지닌 시가 됩니다.[14] 그런 점에서 시편 102편은 일종의 간주곡입니다. 새 노래를 부르는 그 앞 악장(시 96-99편)과 하나님이 온 천지의 왕이심을 회상하는 그 뒤 악장(시 104-106편) 사이에 놓인 간주곡입니다. 그런 점에서 시편 102편은 시편 제4권의 시상(詩想)에서 일종의 쉼표에 속합니다. 그 시상 속에 절망을 다잡는 소망이 담겨 있습니다.

저것은 벽
어쩔 수 없는 벽이라고 우리가 느낄 때
그때
담쟁이는 말없이 그 벽을 오른다.

물 한 방울 없고
씨앗 한 톨 살아남을 수 없는
저것은 절망의 벽이라고 말할 때
담쟁이는 서두르지 않고 앞으로 나간다.
한 뼘이라도 꼭 여럿이 함께 손을 잡고 올라간다.
푸르게 절망을 다 덮을 때까지
바로 그 절망을 잡고 놓지 않는다.

저것은 넘을 수 없는 벽이라고
고개를 떨구고 있을 때

> 담쟁이 잎 하나는 담쟁이 잎 수천 개를 이끌고
> 결국 그 벽을 넘는다(도종환, "담쟁이").

오늘의 시인은 꽉 막힌 현실의 벽을 넘어서려는 의지를 담쟁이로 표현하였습니다. 걸림돌을 디딤돌로 삼는 식물의 지혜에서 오늘을 살아가는 자세를 추스르고자 하였습니다. 시편 102편의 시인은 자신의 처지를 "광야의 올빼미", "폐허 더미에 사는 부엉이", "지붕 위의 외로운 새"로 비유하지만(시 102:6-7), 오늘의 시인은 자신의 처지를 담쟁이에 비유하고 있습니다. 새와 담쟁이! 서로 어울리지 않는 것처럼 보이지만, 그 새와 담쟁이에서 우리는 오늘을 견디면서 내일을 준비하는 피조물의 생리를 느끼게 됩니다. 아니, 그렇게 하도록 이끄시는 하나님의 섭리를 느끼게 됩니다. 그 새도, 그 담쟁이도 모두 하나님이 먹이시는 피조물이지 않습니까!(시 104:28) 공중의 새나 담쟁이에게도 그렇게 하신다면 하물며 사람에게는 어찌 말로 다해 설명하겠습니까!

> 공중의 새를 보아라. 씨를 뿌리지도 않고, 거두지도 않고, 곳간에 모아들이지도 않으나, 너희의 하늘 아버지께서 그것들을 먹이신다. 너희는 새보다 귀하지 아니하냐?(마 6:26)

그래도 해야 할 일, 반추(反芻)와 연단(鍊鍛)

시편 105-106편은 역사 이야기입니다. 시어로 축약한 이스라엘 역사입니다. 우선 시편 105편의 역사 이야기는 아브라함부터 시작됩니다. 아니 아브라함 이야기를 그 골격으로 삼습니다. 다윗의 표상을 아브라함으로 대체한 것이 아니라,[15] 다윗보다 훨씬 앞선 시대를 살았던 아브라함 이야기에서 다윗왕국이 남긴 어두운 자취를 지워 가려고 합니다. 그래서 시인은 의도적으로 이스라엘의 조상 아브라함 이야기에서 오늘의 아픔을 반추하려고 합니다. 그래서 하나님이 아브라함에게 후손을 약속하시고 그 후손이 마침내 약속의 땅에 정착하게 되기까지의 과정을 시어로 들려주는 장을 펼칩니다. 시의 처음(시 105:5)과 나중(시 105:42)에 아브라함이라는 이름이 연거푸 거론되는 것은 결코 우연이 아닙니다. 그 사이에 족장들과 출애굽의 이야기가 전개되고 있습니다.

주께서 이루신 놀라운 일을 기억하여라.
그 이적을 기억하고
내리신 판단을 기억하여라.

그의 종, 아브라함의 자손아,
그가 택하신 야곱의 자손아!
…

그때에 너희의 수효가 극히 적었고
그 땅에서 나그네로 있었으며

이 민족에게서 저 민족에게로
이 나라에서 다른 나라 백성에게로
떠돌아다녔다.

그러나 주님께서는
아무도 너희를 억누르지 못하게 하셨고
너희를 두고 왕들에게 경고하시기를

"내가 기름 부어 세운 사람에게 손을 대지 말며
나의 예언자들을 해치지 말아라" 하셨다(시 105:5-6, 12-15).

시편 105편은 어제의 역사를 오늘에 되살리는 작업입니다. 족장과 맺은 언약을 확인하고, 요셉을 구원하시고(시 104:16-25), 출애굽을 통해 이루신 이스라엘의 구원을 확인합니다(시 105:26-45). 시인은 이스라엘의 희망이 야훼 하나님께서 맺으신 영원한 언약(시 90:2, 103:17)을 기억할 때만 가능하다고 봅니다. 그래서 하나님이 보호하셨던 이스라엘의 발자취를 들춰봅니다. 다윗왕조의 패망이, 하나님의 백성이 묶여 있는 유배지의 삶이 하나님이 주신 영원한 언약을 결코 변경시키지는 못합니다.[16] 시편 105편에 이스라엘이 저지른 허물과 잘못이 전혀(!) 거론되지 않은 까닭이 여기에 있습니다.

시편 105편에서 시인은 역사가입니다. 오늘을 해석하는 자료로 어제의 역사를 들춰보는 사람입니다. 오랫동안 우리는 역사란 현재와 과거의 대화라는 한 역사학자(E. H. Carr)의 말에 심취되어 왔습니다. 그러나 엄밀히 말할 때 과거란 존재하지 않습니다. 우리가 대면하는 것은 과거가 아니라 과거의 흔적입니다. 역사란, 정직하게 말한다면, 현재에 남아 있는 과거의 흔적을 토대 삼아 역사가가 죽은 과거를 되살려내는 작업입니다.[17] 그만큼 주관적입니다. 그만큼 고백적입니다.

우리는 이런 시각에서 시편 105편이 펼치는 역사 이야기에 귀를 기울여보아야 합니다. 시인에게 아브라함은 기억으로만 전승되던 먼 조상입니다. 시인은 아브라함을 통해 잊힌 과거를 되살려내고 있습니다. 아브라함은 본래 나그네였습니다. 땅 없이 살면서도 당차게 살았던 하나님의 사람입니다. 시편 105편에서 아브라함의 후손이 땅을 차지한 이야기(시 105:44)는 짤막하게 거론되지만 땅 없이 떠돌아다니며 살던 시절의 이야기(시 105:5-43)는 훨씬 더 길고 상세하게 풀이되는 이유가 여기에 있습니다. 여기에는 의도적으로 가나안 땅 정착 이야기가 생략되어 있습니다. 다윗이 세워나갔던 왕국시대에 관한 설명은 빠지고 없습니다. 무슨 소리입니까? 이스라엘은, 아브라함의 후손은, 본래 땅과는 상관없는(!) 삶을 살았던 주인공이었다는 것입니다. 그런 처지였으면서도 그들이 망하지 않은 것은 그들이 걸은 길이 결코 세상의 지평선이 아니라 하나님의 말씀이었기 때문이라는 것입니다.

이것은 그들에게 그의 율례를 지키고
그의 법을 따르게 하기 위함이었다.
할렐루야(시 105:44).

그러나 시편 105편의 이런 서정(抒情)은 시편 106편에 들어서면서는 크게 달라집니다. 시편 106편도 역사 이야기이기는 마찬가지입니다. 그러나 이스라엘의 "조상" 시대부터 시작하여 나라의 패망에 이르는 과정을 훨씬 더 참회의 차원에서 접근하고 있습니다. 시편 105편이 하나님이 이루신 위대한 역사를 집중 조명하고 있다면, 시편 106편은 그 하나님께 대들었던 이스라엘의 잘못이 무엇인지를 비춰 주고 있습니다.

우리도 우리 조상처럼 죄를 지었으며
나쁜 길을 걸으며 악행을 저질렀습니다.

우리의 조상이 이집트에 있을 때에
주님께서 일으키신 기적들을 깨닫지 못하고
주님의 그 많은 사랑을 기억하지도 못한 채로
바다 곧 홍해에서 주님을 거역하였습니다.

…

그러나 그들은

어느새 주님이 하신 일들을 잊어버리고

주님의 가르침을 기다리지 않았습니다(시 106:6-7, 13).

시편 106편은 참회록입니다. 이스라엘의 참회록입니다. 이스라엘이 그 조상 때부터 왕국시대에 이르기까지 누가, 무엇을, 어디서, 얼마나 잘못했는지를 하나씩 짚어가고 있습니다. 그들은 때마다 주님이 베푸신 은혜를 잊어버렸습니다(시 106:13, 21). 철마다 거역하였습니다(시 106:7, 24, 43). 때론 반란도 일으켰습니다(시 106:16). 숱하게 우상을 만들고 거기에 절을 하였습니다(시 106:19-20, 28, 36-37). 이 참회록의 목록에서는 모세라도 예외가 아닙니다. 하나님의 종이라고 불리던 모세마저도 자기 기분이 상했다고 입술로 "망령된" 짓을 저질렀던 당사자가 되고 말았습니다(시 106:33).

왜 이런 참회록이 돋을새김하고 있습니까? 시인은 바빌론 유배생활 한복판에서 우리가 왜 이 지경에 이르게 되었는지를 세세하게 곱씹고 있습니다. 그렇게 길게 참회하는 기도(시 106:6-43)를 쏟아놓고 난 뒤에야 하나님의 인자하심에 근거하여 우리를 구원하여 달라고 짤막하게 간청하고 있습니다(시 106:44-46). 이스라엘의 살길이 어디에 있습니까? 죄를 용서하시는 하나님을 다시 붙드는 데 있습니다. 그렇습니다. 이스라엘은 모름지기 하나님의 은총으로 삽니다.

주, 우리의 하나님
우리를 구원하여 주십시오.
여러 나라에 흩어진 우리를 모아 주십시오.
주님의 거룩한 이름에 감사하며
주님을 찬양하며
주님께 영광을 돌리게 해주십시오.

주, 이스라엘의 하나님
영원토록 찬송을 받아 주십시오.
온 백성은 "아멘" 하고 응답하여라.
할렐루야(시 106:47-48).

시인의 참회록은 구원을 비는 기도로 끝납니다. 역사의 주인은 참회하는 자의 손을 잡아주시는 하나님이라고 다짐합니다. 시인의 좌우에 둘러서 있는 세상 군왕들이 역사의 주인이 아니라 역사의 주인은 모세의 하나님이셨음을 확신하게 합니다(시 106:16, 23, 32, 33). 시인이 탐구하는 것은 소멸된 과거가 아닙니다. 시인이 탐구하는 것은 이스라엘의 기억 속에 보존되어 있는 과거의 흔적(전승)입니다. 그렇습니다. 역사란 부활입니다. 시인의 참회록에서 이스라엘 역사가 부활하고 있습니다. "남아 있는 흔적을 긁어모아 사라진 것들의 소멸된 삶을 다시 일구어내는 작업"이 바로 역사입니다.[18)]

남아 있는 흔적이 중요한 것은 아닙니다. 남겨진 조각들을 들여다보고 그 선후관계를 따지며 서로 연결시킨 역사가의 혼(魂)이 중요합니다. 이스라엘이 저지른 죄목을 낱낱이 고백하면서도 역사의 조각을 모으다가 깨닫게 된 시인의 믿음이 소중합니다. 그래서 시인의 입술에는 "그러나 주님께서는 그들의 부르짖음을 들으실 때마다, 그들이 받는 고난을 살펴보아" 주신다는 고백이 들려 있습니다. 역사이야기가 객관적이기보다는 역사가 자신의 가치관을 과거에 투사하는 신념이라는 깨달음이 여기에서 새삼 확인됩니다.

이제 우리에게 필요한 것은 반추(反芻)와 퇴고(推敲)의 정성입니다. 새로운 시대를 지향하는 자에게는 역사에 관한 반추와 연단의 여정을 계속하는 정성이 필요합니다.[19] 그 정성에서 하나님으로 하여금 하나님이 되시도록 해야 합니다. 그러니 되새겨 보십시다. 겉으로는 연단, 속으로는 반추! 그런 연단과 반추에서 시인의 역사적 신앙은 하나님의 사람들로 하여금 또 한 걸음을 앞으로 내닫게 하는 참된 여명이 됩니다.

시편 제5권, 토라로 토다를

시편 제5권(시 107-150편)은 "주님께 구원받은 사람들"(시 107:2)이 외치는 감사와 찬양을 시의 밑거리로 삼습니다. "감사하다"(야다, ידה)와 "찬양하다"(할랄, הלל)를 프레임(frame) 삼아서 그 분위기를 찬양으로 이끌어갑니다. 그래서 "할렐루야" 시모음집이라고도 합니다.[1] 시를 시작하거나 끝맺는 말로 "할렐루야"가 등장한다는 것입니다.[2] 물론 시편 107-150편에도 이 두 주제어가 나오지 않는 것들이 있습니다. 시편 137편이 바로 그런 경우입니다. 하지만, "감사하라"로 시작해서(시 107편의 첫마디) "찬양하라"로 끝나는(시 150편의 끝마디) 찬양집의 분위기가 크게 훼손되지는 않습니다.[3]

시편 제5권의 시들은 대체로 바빌론 포로살이에서 구원받은 사람들의 정서를 드러냅니다. 하지만 이 시들을 하나로 이어 읽기는 쉽지 않습니다. 시의 형식도 감사시, 찬양시, 애가, 탄원시, 토라/지혜시, 알파벳시, 순례자의 노래 등 다양합니다. 학자들에 따라서는 시편 제5권의 시 가운데 146–150편을 할렐루야 송영집으로 따로 떼 놓고 감상하기도 합니다.[4] 그럴 경우 시편 제5권은 107–145편까지이고 146–150편은 시편 전체를 결론짓는 할렐루야 송영이 됩니다. 하지만 꼭 그렇게 보지 않아도 됩니다. 시편 146–150편은 시편 제5권에서 시편 111–118, 135–136편과 더불어 할렐루야 시로 구분되기 때문입니다.[5]

중요한 것은 시편 제5권의 시들이 "새 역사의 현장에서 듣는 옛 말씀"의 형태를 띠고 있다는 사실입니다.[6] 예컨대 하나님을 향한 강한 신뢰를 외치는 시편 108편은 시편 제2권에 나오는 두 시(57, 60편)를 자신의 상황에 맞춰 따다 썼다(reviewing)거나, 하나님의 오른쪽에 앉아 있는 메시아의 승리를 확신하는 시편 110편은 시편 2편의 재해석(reinterpretation)이라거나, 공동체의 샬롬을 소망하는 시편 144편은 시편 8, 18편의 제왕시를 다시 쓰고(rewriting) 있다거나, 시편 146–150편의 할렐루야시는 시편 1편이 제시하였던 복 있는 자의 삶을 되뇌기(recitation)하고 있다는 지적이 그런 경우에 속합니다.[7] 그뿐만이 아닙니다. 시편 제5권의 시들은 앞선 제1–4권이 펼쳤던 다윗왕국에 대한 각각의 기대와 비전을 종말론적인 지평에서 재해석하고 있습니다. 시편 제5권의 시들을 "다시 듣는 토라"에 견줄 수 있는 것도 이 때문입니다. 거기에서 시편은 "다윗의 토라"라는 깨달음을 우리에게 더 크게 안겨줍니다.[8]

헤쳐나갈 길이 없다고 여겨질수록

시편 제5권의 틀은 감사에서 찬양으로 가는 여정입니다. 시편 제5권의 짜임새에 대해서는 이런저런 토론이 있습니다만, 시편 제5권은 시편 107-117편에서 시작하여 118-135편을 거쳐 136-150편에 이르는 여정이라고 말할 수 있습니다.[9] 그 여정은 혼란스런 역사의 한복판에서 하나님의 구원을 체험한 자들이 온 누리를 다스리시는 시온의 하나님을 찬양하는 시로 채워져 있습니다. 헤쳐나갈 길이 없다고 여겨지는 자리에서 시편 107-150편은 감사에서 찬양으로 가는 길을 열어젖히고 있습니다.

감사에서 찬양으로 가는 그 여정의 첫 구간(시 107-117편)은 "주님은 선하시고 주님의 인자하심은 영원하다"는 말로 수미쌍관의 얼거리를 이룹니다(시 107:1, 117:2). "주님의 선하심과 인자하심이 영원하다"는 소리는 시편 118편에서도 들리지만(시 118:1, 29), 시편 117편의 끝마디가 "할렐루야" 송영으로 마치기에, 시편 107-117편을 감사에서 찬양으로 가는 여정의 첫 구간으로 보려고 합니다. 그 여정의 들머리에서는 이런 소리가 들립니다.

주님께 감사드려라
그는 선하시며
그의 인자하심이 영원하다.

주님께 구원받은 사람들아
대적의 손에서 구원받은 사람들아
모두 주님께 감사드려라.

동서남북 사방에서
주님께서 모아들이신 사람들아
모두 주님께 감사드려라(시 107:1-3).

시편 107편은 주님의 구원을 받은 자들을 동서남북 사방에서 불러 모으는 부름으로 시작합니다(1-2절). "주님의 인자하심을 감사하고 사람에게 베푸신 주님의 놀라운 구원을 감사하라"고 요청합니다(8, 15, 21, 31절). 주님께 감사드릴 자들을 모아서 시온으로 가는 "영적 순례"(spiritual pilgrimage)에 나서려고 합니다(시 114:2).[10] 시인의 요청은 분명합니다. 구원받은 사람은 모두 주님께 감사드리는 대열에 동참하라는 것입니다(시 107:22).

이 대열에 동참하는 자들의 정황은 각각 다양합니다. 광야에서 길을 잃다가 구원받은 자도 있고(4절), 배고프고 목이 말라 기력이 다 빠져 있다가 구원받은 자도 있으며(5절), 어둡고 캄캄한 곳에서 고통의 쇠사슬에 묶여 있다가 구원받은 자도 있습니다(10절). 또 항해 중에 큰 폭풍을 만나서 거의 죽게 되었다가 구원받은 자도 있습니다(23-30절). 그렇게 구원받은 자들을 향한 부름과 기도가 시편 107편에서 117편까지 지속됩니다.

시인이 그리는 구원받은 자들의 처지는 개인적이면서도 공동체적입니다. 질병, 감옥살이, 전쟁에서의 구원일 수도 있고 바빌론 포로살이에서의 해방일 수도 있습니다. 그 고통이 어떤 것이든, 그런 자가 어디에 있든, 시인은 고통의 자리에서 해방된 자들에게 주 하나님께 나아가 감사의 제물을 드리자고 말합니다(시 107:22, 116:13). 그런 자들이 진정 주님을 "경외하는" 자들이고(시 111:5, 10, 112:1, 115:11, 13), 주님의 "종"들입니다(시 113:1, 116:16).

시편 107편은 여기에서 삶의 역전이 어떻게 이루어지는지를 다음과 같은 시로 들려줍니다.

그러나 주님께서는 사막을 연못으로 만드시며
마른 땅을 물이 솟는 샘으로 만드시고

굶주린 사람들로 거기에 살게 하시어
그들이 거기에다 사람 사는 성읍을 세우게 하시고

밭에 씨를 뿌리며 포도원을 일구어서
풍성한 소출을 거두게 하시며

또 그들에게 복을 주시어
그들이 크게 번성하게 하시고
가축이 줄어들지 않게 하신다(시 107:35-38).

시인은 하나님이 역사의 주님이신 것을 일깨워 주기 위해서 하나님을 온 자연을 다스리시는 주님으로 소개합니다. 하나님은 푸른 강들을 사막으로 변하게도 하시고, 옥토를 소금밭이 되게도 하십니다(시 107:33). 그러다가 다시 그 사막을 샘이 솟아나는 옥토로 변모시키십니다(시 107:34). 밭에 씨를 뿌리면 때가 되면 풍성한 소출을 거두게 하십니다(시 107:41). 그러니 주님을 경외하는 자들은 사악한 자들, 악한 자들, 속이는 자들 때문에 주저앉아서는 안 됩니다. 악한 자들의 장래는 반드시 처참한 죽음에 이르게 될 것입니다(시 110:5-6).

시인에게 자연은 하나님의 현존을 확인하는 창문입니다. 자연의 파노라마는 하나님의 임재를 가르치는 교실입니다. 씨를 뿌리면 거두는 자연의 질서는 하나님의 섭리를 체험하는 마당입니다. 기독교 신앙은 이를 가리켜 일반계시라고 불렀습니다. 예수 그리스도의 십자가에서 깨닫는 하나님의 사랑이 특수계시라면, 자연을 통해 드러나는 하나님의 임재는 일반계시입니다. 역사의 현장이 폭력에 짓눌려 있을 때에도 “저녁이 되고 아침이 되면” 하루가 가는 자연의 질서는 전혀 훼손되지 않았습니다. 그래서 시인은 역사 속의 폭력에 시달리던 자들에게 눈을 들어서 하늘을 보게 합니다. 해와 달과 별을 보게 합니다. 온갖 동식물을 보게 합니다(시 8편, 19:1-6, 104편, 107:33-38, 136:1-9, 146-150편). 하늘보다 더 높고 구름에까지 닿은 하나님의 진실을 노래합니다(시 108:4). 억눌린 역사의 피해자인 젊은이들을 가리켜 “아침 동이 틀 때에 맺히는 새벽이슬"이라고 부릅니다(시 110:3).

자연에서 하나님의 임재를 체험하는 시인의 종교적 감수성은 오늘날의 시인이라고 크게 다르지 않습니다.

늦가을 바람에
마른 수숫대만 서걱이는 빈들입니다
희망이 없는 빈들입니다
사람이 없는 빈들입니다
내일이 없는 빈들입니다
아니, 그런데
당신은 누구입니까
아무도 들려 하지 않는 빈들
빈들을 가득 채우고 있는 당신은 (고진하, "빈들").

고진하 시인의 "빈들"은 그가 목회하였던 강원도 홍천의 어느 깊은 골짜기입니다. 시인은 아무도, 아무것도 없는 그 빈들에서 "빈들을 가득 채우고 있는" 주님을 체험하였습니다. 시인에게 빈들은 말씀마루(宗敎)의 도량입니다. 자연은 아름답습니다. 웅장합니다. 때로는 두렵기도 합니다. 자연은 하나님의 전령입니다. 하나님의 솜씨를, 하나님의 행적을, 하나님의 자취를 담고 있는 그릇입니다.

그러나 눈에 보이는 자연과 눈에 보이지 않는 하나님을 혼동해서는 안 됩니다. 이스라엘의 시인은 자연과 하나님을 분명하게 구분하였습니다. 아무리 장엄하다고 해도, 시인에게 자연은 하나님이 만드신 작품입니다. 하나님은 창조주이시고 자연은 피조물입니다. 루이스(C. S. Lewis)의 말대로, 성경의 창조신앙은 자연에서 신성(神性)을 벗겨 내었습니다.[11] 해와 달과 별을 노래하되 그것들을 결코 숭배하지 않았습니다.

시편 107편에 이어 소개되는 시편 108–110편("다윗의 찬송시")은, 시의 시작이나 끝을 "할렐루야"로 장식하는 시편 111–117편과 함께, 역사의 부침 속에서 하나님의 구원을 칭송하는 신앙인을 보여줍니다. 사람들은 살면서 이런저런 자랑을 늘어놓습니다. 친구를 자랑하고, 물건을 자랑하며, 회사를 자랑합니다. 취미 자랑, 여행 자랑, 집 자랑, 돈 자랑도 있습니다. 그런데 하나님의 사람은, 그리스도인은, 하나님의 구원을 칭송하는 사람이어야 합니다. 시편 107–117편이 펼치는 감사에서 찬양으로 가는 여정은 "헤쳐나갈 길이 없다고 여겨질수록" 하나님을 자랑하는 삶에 들어서라고 초청합니다. 그러기에 "우리에게 향하신 주님의 인자하심(헤세드, חסד)은 크고 주님의 진실하심(에메트, אמת)은 영원하다"고 소리칩니다(시 117:2).

순례자의 마음가짐, 순례자의 신앙

시편 제5권이 펼치는 여정의 두 번째 구간은 시편 118–135편입니다. 이 구간은 "주님께 감사하여라, 그는 선하시며, 그의 인자하심이 영원하다"(시 118:1)로 시작하여 "예루살렘에 계시는 주님, 시온에서 드리는 찬송을 받아 주십시오. 할렐루야"(시 135:21)로 마감합니다. 히브리어로 하면, "토다"(תודה, 감사, 시 118편)로 시작하여 "할렐루야"(시 135편)로 마칩니다. "토다"에서 "할렐루야"로 가는 이 여정의 첫걸음이 "구원의 문을 열어라"는 외침입니다.

> 구원의 문들을 열어라
> 내가 그 문들로 들어가서 주님께 감사를 드리겠다.
>
> 이것이 주님의 문이다.
> 의인들이 그리로 들어갈 것이다(시 118:19-20).

시인이 찾아가는 곳은 시온입니다. 구원의 문입니다. 주님의 집입니다. 역사적으로 말한다면 아마도 기원전 515년에서 기원후 70년까지 예루살렘에 있었던 "제2 성전"을 가리킨다고 보아야 합니다. 이 하나님의 집(시 118:22-25)에서 시인은 예루살렘을 찾는 자가 누릴 복을 기리고 있습니다(시 118:26-28).

시편 118-135편은 야훼를 경외하는 자들이 걸어가는 성지순례의 과정을 소개합니다. 그 순례자들의 노래가 한편에서는 "다윗의 시"(시 122, 124, 131-133편)나 "솔로몬의 노래"(시 127편)라는 표제로, 다른 한편에서는 "성전에 올라가는 노래"(시 120-134편)라는 제목으로 소개됩니다. 그리고 마침내 성지순례를 마친 자가 외치는 "할렐루야" 찬송(시 135편)으로 전체 여정이 끝나고 있습니다. 이 여정의 시작부분에 시편 119편이 자리 잡고 있습니다.

시편 119편은 시편 118편과 더불어 시온을 찾아가는 여정의 걸음새를 다잡아 줍니다. 순례여정에 나선 자의 마음가짐이 어떠해야 하는지를 들려줍니다. 시편 118편이 이 여정에 나선 자에게 "토다"(감사)의 마음가짐을 갖추게 한다면, 시편 119편은 이 여정을 걷는 자의 걸음걸이는 "토라"(하나님의 말씀) 위를 걸어야 한다고 권고합니다. "토다"와 "토라!" 토다가 토라를 연다면, 토라는 토다의 밑받침입니다.

형식으로만 보면 시편 119편은 알파벳 시입니다. 토라시나 지혜시와 비슷합니다. 하지만 시편 119편은 기도문입니다. 시편 119편이 시편 1편과 다른 점이 여기에 있습니다. 시편 119편은 주의 말씀을 따라서 바르게, 올곧게 사는 자들에게 하나님이 은혜 베풀어 주시기를 빌고 있습니다.

시편 119편이 시편 제5권에서 차지하는 위치에 대해서도 논란이 많습니다. 시편 119편을 시편 제5권이 편찬된 후에 삽입된 시로 보기도 하고,[12)] 시편 제4-5권의 중심이나,[13)] 시편 제5권의 한가운데로 보기도 합니다.[14)] 그러나 저는 앞에서 밝힌 시편 제5권의 생김새에서 볼 때 시편 119편은 예루살렘을 찾아 나선 순례여행자에게 그 마음가짐을 잡아주는 권면으로 보려고 합니다.[15)]

주님의 말씀은 내 발의 등불이요
내 길의 빛입니다.

주님의 의로운 규례들을 지키려고
나는 맹세하고 또 다짐합니다.
…
주님, 내가 기쁨으로 드리는 감사의 기도를 즐거이 받아 주시고
주님의 규례를 내게 가르쳐 주십시오.

내 생명은 언제나 위기에 처해 있습니다만
내가 주님을 법을 잊지는 않습니다.

악인들은 내 앞에다가
올무를 놓지만
나는 주님의 법도를 벗어나지 않습니다.

주님의 증거는 내 마음의 기쁨이요
그 증거는 내 영원한 기업입니다.

내 마지막 순간까지
변함없이 주님의 율례를 지키기로 결심하였습니다(시 119:105-106, 108-112).

시인은 삶의 마지막 순간까지 토라를 따라 걷겠다고 기도합니다. 눈에 보이는 길(路)이 아니라 눈에 보이지 않는 길(道)을 따라서 살겠다고 다짐합니다. "이 길"(way)이 아니라 "그 길"(the Way)을 걷겠다고 다짐합니다. 옛 이스라엘에서는 예루살렘을 정기적으로 찾는 순례자들이 있었습니다. 이스라엘 신앙은 유월절, 칠칠절, 초막절을 삼대 순례절기로 지켰습니다. 시편 119편은 순례절기를 지키고자 길에 나선 자들에게 진정으로 걸어야 할 길이 있다고 말합니다. 그 길은 바로 하나님이 우리에게 오신 길(말씀)입니다. 우리가 하나님에게로 가는 길은 하나님이 우리에게 오신 바로 그 길입니다.

그리스도인의 주일예배는 순례적인 성격을 지닙니다. 교회는 부름 받은 자들의 모임이지만, 우리가 주일마다 교회를 찾는 것은 예수 그리스도의 십자가가 서 있는 자리에서 우리를 찾아오신 하나님의 임재를 주기적으로 경험하기 때문입니다. 그리스도인은 주일마다 이 성소를 오르내립니다. 그리스도인이 살아가는 자리가 성(聖)과 속(俗)을 아우르기 때문입니다. 시편의 순례시가 흘러간 옛 노래가 아니라 오늘날 우리가 힘차게 불러야 할 애창곡이 되어야 할 이유가 여기에 있습니다.

빌립이 예수님에게 물은 적이 있습니다. 우리에게 하나님을 보여 달라고(요 14:8). 그때 예수님께서 뭐라고 대답하셨습니까?

빌립아, 내가 이렇게 오랫동안 너희와 함께 지냈는데도, 너는 나를 알지 못하느냐? 나를 본 사람은 아버지를 보았다. 그런데 네가 어찌 하여 '우리에게 아버지를 보여 주십시오' 하고 말하느냐?(요 14:9)

그렇습니다. 예수님은 하나님께 이르는 길입니다. 그 길을 시편 119편은 주님의 말씀으로, 주님의 토라로 풀이하였습니다. "말씀이 육신이 되어 우리 가운데 거하실" 때 예수 그리스도를 보게 되지 않았습니까? 찬양해야 할 이유가 여기에 있습니다. 시온을 향한 영적 순례에 나서는 자들이 감사해야 할 이유가 여기에 있습니다. 순례자의 마음가짐이 여기에 있습니다.

성전에 올라가는 노래

시편 제5권에서 두드러지는 것은 "성전에 올라가는 노래"(Songs of Ascents)라는 표제가 달린 시입니다. 시편 120-134편이 바로 그 노래입니다. 이 시모음집의 앞(시 118, 119편)과 뒤(시 135편)에는 각각 여는 말과 닫는 말이 있습니다.

시의 표제에 소개된 "성전에 올라간다"는 말이 참 재미있습니다. 성전으로 나아간다고 하지 않고 굳이 올라간다고 쓰고 있습니다. 성전으로 올라간다는 말은 우리가 지금 있는 곳이 낮은 곳이라는 사실을 전제합니다. 낮은 곳에서 높은 곳으로 가는 걸음을 가리켜 올라간다고 말하지 않습니까?

시인은 성(聖)과 속(俗)을 산 위와 산 아래로 구별합니다. 산 위에는 성전이 있습니다. 산 아래는 세상입니다. 예수님이 모세, 엘리야와 더불어 말씀을 나누던 곳은 산 위입니다. 산 위에서는 거룩한 하나님의 임재를 경험합니다. 산 위 성소에서 우리는 하나님의 작품으로 다듬어집니다. 그래서 올라가야 합니다. 그러나 우리가 진정 있어야 할 곳은 산 아래입니다. 예수님께서 산 위에 계시던 순간에도 산 아래 제자들은 귀신들린 아이와 땀을 뻘뻘 흘리며 싸우고 있었습니다. 산 위에서 얻는 거룩한 경험이 산 아래의 소란을 치유하는 섬김이 되어야 합니다. 시편 120-134편이 소개하는 순례시가 바로 그런 내면을 다듬는 말꽃입니다.

시편 120-134편은 일종의 모음집입니다. 15개의 시가 순례시라는 표제로 묶여 있습니다. 재미있는 것은 "성전에 올라가는 노래"로 구분된 시가 모두 15개라는 사실입니다. 왜 15개일까요? 유대 문헌 탈무드는 그 이유를 예루살렘 성전의 동쪽 문인 "니카노르 문"(Nicanor gate)과 연관 지어 설명하였습니다(B. Sukkot 51:b; b. Middot 2:5). 그 문에 들어서려면 15개의 계단을 밟고 올라가야 하기 때문입니다. 예컨대 시편 120-134편은 순례자가 그 계단을 하나씩 오를 때마다 한 편씩 암송하였던 노래였다는 암시이지요. 그러나 꼭 그렇게 볼 수는 없습니다. "성전에 올라가는 노래"라고 해서 반드시 "층계"를 의미한다고 볼 수 없습니다.[16] 그 첫 노래인 시편 120편은 이렇게 시작합니다.

내가 눈을 들어 산을 본다.
내 도움이 어디에서 오는가?

내 도움은
하늘과 땅을 만드신 주님에게서 온다(시 121:1-2).

시편 121편은 나는 도움이 어디에서 오느냐는 질문으로 시작합니다. 이 질문은 먼 길을 걷는 순례자의 마음을 훔치고 있습니다. 이 구절과 더불어 시편 120, 121, 122편을 읽어 보십시오. 유다 땅 밖에 살던 자가 예루살렘을 향하여 그 발걸음을 옮겨가는 여정을 느낄 수 있습니다. 예컨대 메섹에서 길을 떠난 순례자가 광야 산길을 따라 올라오다가 마침내 예루살렘 성문 안에 들어서면서 감격에 찬 노래를 부르게 된다는 식입니다(시 120:5, 121:1, 122:2). 메섹이 어디인지 확실히 알 수는 없지만, 예루살렘 밖에 있는 성읍인 것은 분명하지요.

당시 광야 산길을 걷는 일은 아주 위험하였습니다. 언제, 어디서, 어떻게 강도를 만날지 몰랐습니다. "내가 눈을 들어 산을 본다"(1절)는 고백에는 순례자가 느껴야 했던 불안한 마음이 새겨져 있습니다. 그런 불안한 마음을 달래고자 시인이 대답합니다. "내 도움은 하늘과 땅을 만드신 주님에게서 온다!"(2절). 스스로 묻다가 스스로 깨우칩니다. 창조주 하나님이 자기의 피난처라고 깨닫습니다.

눈여겨보아야 할 것은 시편 120-134편의 구도입니다. "성전에 올라가는 노래" 모음집이 예루살렘으로(120-121편)→예루살렘 도착(122편))→예루살렘 성전에서(123-133편)→예루살렘 성전을 떠나 집으로 돌아가기 전(시 134편)의 형태를 띠고 있기 때문입니다. 시편 120-134편이 전하는 순례자의 노래는 집에서 성전으로, 성전에서 다시 집으로 돌아가는 자의 발걸음을 암시합니다. 왜 성전을 찾았습니까? 새로운 힘과 소망을 얻기 위해서였습니다. 순례자는 성전에서 놀라운 치유와 은총을 경험합니다.

주님께서는
네가 헛발을 디디지 않게 지켜 주신다.
너를 지키시느라 졸지도 않으신다.

이스라엘을 지키시는 분은
졸지도 않으시고
주무시지도 않으신다(시 121:3-4).

시인은 하나님이 어떤 분이시지를 되새깁니다. 하나님은 시인이 헛발을 디디지 않도록 지켜 주시는 분입니다. 이스라엘을 지키기 위해서 졸지도 않으시고, 주무시지도 않는 분이십니다. 이 구절을 음미하기 위해서는 옛 가나안의 종교적 풍속을 알아야 합니다. 그 땅의 사람들은 풍요의 신 바알을 숭배하였습니다. 그 바알 신은 해마다 죽고 사는 사이클을 반복하였습니다. 건기(乾期)에는 모트(죽음이라는 뜻입니다.)에게 죽지만, 우기(雨期)가 되면 다시 살아나 온 땅을 풍요로 이끈다고 생각했습니다. 시인은 지금 그런 종교적 풍속에 맞서고 있습니다. 시인이 믿는 하나님은 해마다 죽고 다시 사는 풍요의 신과는 차원이 다릅니다. 창조주 하나님은 주무시거나 쉬거나 하시지 않습니다. 하나님은 끊임없이 활동하시며, 언제나, 늘 살아 계신 주님이십니다.

주님은 너를 지키시는 분
주님은 네 오른쪽에 서서
너를 보호하는 그늘이 되어 주시니

낮의 햇빛도 너를 해치지 못하며
밤의 달빛도 너를 해치지 못할 것이다.

주님께서 너를 모든 재산에서 지켜 주시며
네 생명을 지켜 주실 것이다.

주님께서는
네가 나갈 때나 들어올 때나
이제부터 영원까지 지켜 주실 것이다(시 121:5-8).

시인의 말글은 신앙고백입니다. 하나님은 온 우주를 지으시고

(시 121:2) 이스라엘을 지키시는 주님이십니다(시 121:4). 시인을 지키시고 보호하시는 주님이십니다(시 121:5-8). 온 우주의 하나님 → 이스라엘의 하나님 → 한 개인의 하나님으로 하나님의 역사(役事)가 좁혀지고 있습니다. 시편 12:5-8에서 2인칭 인칭대명사 "너"가 말끝마다 강조되고 있는 것에 주목하십시오.

시인은 특히 낮의 햇빛과 밤의 달빛도 너를 해치지 못한다고 외칩니다(6절). 낮의 해와 밤의 달은 고대 가나안 사람들에게는 신격화되었던 대상입니다. 시인은 해와 달을 그런 신적인 지위로부터 끌어내리고 있습니다. 이름 하여 비신격화(非神格化)시키고 있습니다. 물론 해와 달도 사람들에게 상처를 입힙니다. 일사병이 그런 경우입니다. 달의 모양은 사람들의 정서에 나쁜 영향을 끼치기도 하였습니다. 시인은 이런 해와 달도 자기를 해치지 못할 것이라고 확신합니다. 그 확신이 이런 울림을 낳습니다. "주님께서는, 네가 나갈 때나 들어올 때나, 이제부터 영원까지 지켜 주실 것이다!"(8절)

하나님은 하나님을 찾는 자의 삶을 영원히 지켜주십니다. 하나님의 보호하심은 영원합니다. 시편 121편의 서두는 불안하였으나 그 결말은 확신과 승리의 찬송으로 끝납니다. 시편 121편만 그러는 것이 아닙니다. "성전에 올라가는 노래" 모음집에 속한 모든 시가 다 그러합니다. 그 시들은 모두 하나님의 임재 앞에서 누리는 기쁨, 감격, 행복, 소망을 깊이 드러내고 있습니다. 하나님의 집을 찾아간 순례자의 마음을 되새기면서 제사장의 축복을 떠올리는 것은 우연이 아닙니다.

주님께서 당신들에게 복을 주시고
당신들을 지켜 주시며
주님께서 당신들을 밝은 얼굴로 대하시고
당신들에게 은혜를 베푸시며
주님께서 당신들을 고이 보시어서
당신들에게 평화를 주시기를 빕니다(민 6:24-26).

다시 불러야 할 새 노래, 찬양

시편 제5권이 펼치는 여정의 마지막 구간은 시편 136-150편입니다. 이 구간도 그 첫 마디는 "주님께 감사하여라. 그는 선하시며 그 인자하심이 영원하다"(시 136:1)입니다. 그리고 그 마지막 소절은 "숨 쉬는 사람마다 주님을 찬양하라, 할렐루야"(시 150:6)입니다. 히브리어로 표기한다면 "호두 라야훼"(הודו ליהוה)로 시작해서 "할렐루야"로 끝납니다. 이런 바탕에서 시편 136-150편은 다시 한 번 이스라엘의 과거, 현재, 미래를 다루게 됩니다.

시편 136편은 신바람 나는 노래입니다. 노랫가락은 "감사하라" 입니다. 노래의 흐름은 "크레셴도"(crescendo)입니다. 노래의 주제는 하나님의 구원입니다. 이 노래는 또 시종일관 "그의 인자하심은 영원하다"는 후렴구를 반복합니다. 시는 창조주 하나님이 이루신 놀라운 역사("큰 기적")를 되새기면서 하나님에게 감사하라는 선포로 시작됩니다(1-3절). 이어서 하늘과 땅을 만드시고 다스리시는 하나님께 감사하라고 합니다(4-9절). 출애굽의 역사를 이끄신 하나님께 감사하라고 합니다(10-15절). 이스라엘에게 땅을 기업으로 주신 하나님께 감사하라고 선포합니다(16-22절). 그리고 마지막으로 정리하면서 모든 사람에게 먹을거리를 주시는 하나님께 감사하라고 선포합니다(23-26절). 이처럼 시인의 글말은 이스라엘의 과거를 되새기게 합니다. 그러고 난 뒤 시편 제5권은 시편 137편을 136편에 이어서 읽게 합니다.

시편 제5권에서 시편 137편은 해석하기 쉽지 않은 시입니다. 시가 어려워서가 아닙니다. 시의 형식은 시온을 위한 애가입니다. 시편 137편이 어려운 것은 시편 제5권의 짜임새에서 이 시가 차지하는 역할이 쉽지 않아서입니다. 시편 137편의 시인은 바빌론 포로기를 살고 있는 사람으로 소개됩니다. 시편 137편의 첫 구절이 "우리가 바빌론의 강변 곳곳에 앉아서, 시온을 생각하면서 울었다"인 것을 기억하십시오. 내용적으로도 시편 137편은 복수를 비는 기도입니다. 바빌론을 향하여 빨리 망해 버리라는 욕지거리를 서슴없이 내뱉고 있습니다. 시편 137편의 이런 생김새는 찬양과 감사를 으뜸가락으로 삼는 시편 107-150편의 분위기에 잘 어울리지 않는 것처럼 보입니다.

그러나 시편 137편은, 지금 우리가 살피고 있는 시편 제5권의 여정에서 보았을 때, 시온의 순례를 마치고 귀향하는 자들의 현주소가 어디인지를 일깨워 주는 역할을 합니다. 예루살렘을 찾았던 순례자들이 다시 돌아가야 할 삶의 자리가 여전히 암울한 낯선 땅이라는 것을 주지시켜 줍니다.[17] 그곳은 여전히 이방인들이 주도하는 낯선 타향이라는 것입니다. 그런 속상함과 안타까움이 시편 137편에 이어 138-145편에 고스란히 이어집니다. 그러다가 예루살렘을 떠나 여전히 낯선 타향인 곳으로 되돌아가야 하는 신앙인의 허전함이 마침내 고향인 예루살렘으로 귀향하게 될 "그날"을 기다리는 궁극적 소망으로 퍼져가게 됩니다.

내가 고난의 길 한복판을 걷는다고 하여도
주님께서 나에게 새 힘을 주시고
손을 내미셔서
내 원수들의 분노를 가라앉혀 주시며
주님의 오른손으로 나를 구원하여 주십니다(시 138:7).

주님, 주님의 이름을 위하여 나를 살리시고
주님의 의로우심으로 내가 받는 모든 고난에서
내 영혼을 건져 주십시오(시 143:11).

시인의 입술에 "주님의 종"(에베드 야훼, עבד יהוה)이 오르내립니다(시 143:2, 12, 144:10). 이 주님의 종이 아직은 곤고한 자리에 있지만, 머지않아 야훼 하나님이 온 천하를 다스리실 때 하나님의 도구로 쓰임 받을 것입니다. 그래서 그의 입에서 나오는 말이 "나의 왕이신 하나님, 내가 주님을 높이며, 주님의 이름을 영원토록 송축하렵니다"라는 찬양입니다(시 145:1). 그렇습니다. "주님을 자기의 하나님으로 섬기는 백성은 복을 받은 백성입니다"(시 144:15). 여기에서 지나치지 말아야 할 것은 시인의 목소리에 종말과 메시아에 대한 비전이 담겨 있다는 사실입니다.[18] 은혜롭고 자비로우신 하나님(시 145:8; 참조, 111:4)이 온 세상에서 행하실 놀랄만한 "기적"을 기대하고 있는 것입니다(시 145:5). 이제 의로운 자들이 영원히 하나님의 이름을 송축하게 될 것입니다(시 145:1, 2, 21). 온 천하가 하나님 중심으로 재편될 것입니다. 이런 종말론의 지평이 이어지면서 시인은 마침내 "할렐루야" 시의 세계로 우리를 인도합니다. 거기에는 메시아를 향한 이스라엘의 소망이 강하게 표출되어 있습니다. 다윗의 후손이, 하나님이 기름 부어 세우실 하나님의 종이 장차 하나님의 나라를 온 세상에 세우게 된다는 비전이 대담하게 새겨져 있습니다.

주님, 주님께서 지으신 모든 피조물이 주님께 감사 찬송을 드리며
주님의 성도들이 주님을 찬송합니다.

성도들이 주님의 나라의 영광을 말하며
주님의 위대하신 행적을 말하는 것은

주님의 위대하신 위엄과

주님의 나라의 찬란한 영광을
사람들에게 알리려 함입니다.

주님의 나라는 영원한 나라이며
주님의 다스리심은 영원무궁합니다(시 145:10-13).

시편 145편에는 "다윗의 찬송시"라는 표제가 붙어 있습니다. 시편 제4권(시 90-106편)의 시들이 무너진 다윗왕국에 대한 대안으로 야훼 하나님이 통치하실 왕국을 제시했던 것에 비해서 시편 제5권의 시들은 종말의 날에 실현될 메시아(다윗의 후손)의 통치를 기대합니다.[19] 시편 145편이 그런 기대를 드러내는 대표적인 경우입니다.

시편 제4권의 시들에는 다윗왕국에 크게 실망했다는 정서가 담겨 있었습니다. 시편 145편은 이와는 달리 다윗의 후손이 메시아로 와서 주님의 나라를 세우게 된다는 기대를 강하게 표출합니다(참조, 시 110편). 특히 시편 제5권에 수록된 "다윗의 시" 모음집(시 106-110, 138-145편)은 시편 제1, 2권에 있는 다윗시 모음집(시 3-41, 51-72편)에 상응하면서도 그것보다 훨씬 더 다윗의 후손으로 오실 메시아의 오심을 강력하게 희망하게 있습니다. 그 희망의 열매가 할렐루야시모음집(시 146-150편)으로 펼쳐지고 있습니다.

시편 146-150편은 "할렐루야 시"입니다. 야훼를 찬양하라는, 주님을 찬양하라는, 찬양으로 우리를 초대하는 시입니다. 찬양은 초대(부름)입니다. 찬양은 신앙인의 존재양식입니다.[20] 찬양이 신앙인의 정체성을 확인하는 도구라면, 감사는 신앙인의 에토스를 드러내는 통로입니다. 찬양시는 찬양하라는 명령과 찬양해야 할 이유로 이루어져 있습니다. 이런 찬양시를 두고 브루그만(W. Brueggemann)이 말했습니다. 예배 중에 찬양할 때는 부름(summons)에서 찬양해야 할 이유(reason)로 내려가지만, 살면서 체험하는 찬양은 그 반대로 삶(찬양해야 할 이유)에서 찬양(찬양하라는 부르심)으로 올라간다고.[21)]

할렐루야
하나님을 찬양하라 그의 성소에서
하나님을 찬양하라 하늘의 웅장한 창공에서.[22)]

하나님을 찬양하라 그가 위대한 일을 하셨으니
하나님을 찬양하라 그의 위대하심을 따라.

하나님을 찬양하라 나팔 소리를 울리면서
하나님을 찬양하라 거문고와 수금을 타면서.

하나님을 찬양하라 소구치고 춤추면서
하나님을 찬양하라 현금을 뜯고 피리 불면서.

하나님을 찬양하라 오묘한 소리 나는 제금을 치면서
하나님을 찬양하라 큰소리 나는 제금을 치면서.

숨 쉬는 사람마다 주님을 찬양하라,

할렐루야(시 150:1-6, 사역).

시편 150편에는 "하나님을 찬양하라"(할렐루-엘, הללו־אל)는 말이 꼭 열 번 나옵니다. 물론, 시편 150편의 처음과 끝에도 "할렐루야"(הללו יה)가 나옵니다. 그러나 이 말은 문자적으로는 "야훼를 찬양하라"는 뜻입니다. 시인은 찬양받으실 하나님을 그냥 "엘"(אל, 하나님)이라고 부릅니다. "엘"은 창조주 하나님을 떠올리게 하는 호칭입니다. 그 뒤를 이어서는 그냥 "그를 찬양하라"(할렐루후, הלליהו)라고 행마다 규칙적으로 반복합니다. 여기 "그"는 "하나님"(엘)을 가리킵니다. 그렇게 세어볼 때 "하나님을 찬양하라"는 말이 한 절에 두 번씩, 모두 열 번 나옵니다. 열 번에 걸쳐 하나님을 찬양하라고 권고하고 있다는 것입니다. 시편 150편의 맨 끝 구절에도 "주님을 찬양하라"(테할렐루 야, תהלל יה)가 나옵니다(6절). 그러나 이 구절은 "야훼를 찬양하라"이기에 "엘(하나님)을 찬양하라"는 소리와는 구별됩니다.

주목할 것은 시편 146-150편도 전체적으로 보면 "할렐루야"라는 구절을 모두 열 번 반복하고 있다는 점입니다. 이 다섯 개의 시는 모두 할렐루야로 시작해서 할렐루야로 끝납니다. 시편 150편이 "하나님을 찬양하라"를 열 번 반복하는 것이나 할렐루야시모음집(시 146-150편)이 "주님을 찬양하라"를 열 번 반복하는 것은 모두 창세기 1장이 증언하는 창조주 하나님의 사역을 떠올리게 합니다.

하나님이 천지창조하실 때 하신 말씀(봐요메르, ויאמר)도 모두 열 번이었습니다(창 1:3, 6, 9, 11, 14, 20, 24, 26, 28, 29). 하나님은 열 번의 말씀으로 온 우주를 바로, 제대로, 온전하게, 세우셨습니다. 시편 146-150편의 "찬양하라"는 구절은 이런 창조신앙을 시적인 리듬으로 바꿔 표현한 소리입니다.

찬양은 창조신앙의 가락입니다. 세상을 지으시고 이스라엘을 구원하신 하나님의 역사(役事)에 대한 신앙인의 역사(歷史)는 한 마디로 찬양이어야 합니다. 숫자 '10'은 충만함을 상징하지 않습니까? 사람 손가락은 모두 열 개이지 않습니까! 잊어서는 안 될 사실은 시편 146-150편의 시인이 두 발을 딛고 서 있는 자리가 시련의 역사 한복판이라는 것입니다. 시인의 찬양은 결코 하나님에게로의 도피가 아닙니다. 시인의 찬양은 현실의 고난을 이겨가는 에너지입니다. 시인의 찬양에는 가난하고 고난받는 이스라엘이 마침내 경험하게 될 구원에 대한 강력한 희망이 담겨 있습니다. 그 희망이 솟는 자리가 어디입니까? 시온입니다. 그 희망을 표현하는 수단이 무엇입니까? 찬양입니다. 그 희망을 역사 속에 구현하는 방법이 무엇입니까? 주님의 토라를 따라서 걷는 것입니다. 세상에서 시온으로 나아가는 자는, 시온에서 세상으로 나아가는 자는 야훼 하나님의 토라를 묵상하고 실천하는 발걸음이 되어야 합니다. 그럴 때 하나님의 나라가 시온에서 시작되어 온 땅으로 퍼지게 될 것입니다. 시편이 다윗의 토라로 불리는 이유가 여기에 있습니다.

시편과 예수 그리스도

사해두루마리(Dead Sea Scrolls)는 오늘날 성서연구에서 중요한 참고문헌입니다. 예컨대 히브리어 본문의 전승과정을 깨닫게 해주는 소중한 도서관입니다. 거기에 1956년 쿰란에서 발견된 시편두루마리(11QPsa)도 있습니다. 이 두루마리에 대한 전문적 소개는 이 글의 관심사가 아닙니다.[1] 다만, 지적할 것은 쿰란 시편 두루마리에 시편 151A, 151B, 154, 155편으로 명명된 시들이 있다는 사실입니다.[2] 이상하지 않습니까? 현재 우리가 읽는 시편은 모두 150편으로 되어 있는데.

사해 바다 인근 쿰란에 신앙공동체가 있던 때는 기원전 1세기입니다. 이 시기에 시편 151A, 151B, 154, 155편 같은 시가 사해두루마리의 일부로 기록되었다는 것은 히브리어 성경(마소라 본문)의 시편이 지금 같은 150개의 시로 고정된 때가 기원전 1세기보다 이전이었다는 암시가 됩니다. 아니면 구약과 신약의 중간기를 살던 시절 사해두루마리공동체는 시시각각 휘몰아치는 로마제국의 압제 속에서 하나님의 구원을 비는 신앙을 시로 담아 적극 개진하였다는 소리가 됩니다.

이 시편두루마리의 시편 151A, 151B, 154, 155편 같은 글들은 다윗 왕이 메시아로 오셔서 죄, 거짓, 폭력, 악으로 찌든 이 세상을 구원해 주시기를 적극 기대하고 있습니다. 시편 145, 146-150편보다 훨씬 더 하나님의 통치보다는 메시아로 오실 다윗 왕의 통치를 기대하고 있습니다.[3] 무슨 소리입니까? 기원전 1세기 당시 유대사회의 정신적 풍토가 메시아의 오심을 대망하던 토양이었다는 것입니다.

시편은 다윗의 토라입니다. 신앙공동체는 모세의 토라 못지않게 다윗의 토라를 애독하였습니다. 특히 예수공동체는 시편을 예수 그리스도를 향한 말씀으로 즐겨 읽었습니다. 예수 그리스도의 사역을 예고하는 말씀으로 읽었습니다. 예수 그리스도가 오셔서 걸어가실 왕 되신 메시아에 관한 예언으로 읽었습니다. 시편을 역사적으로 읽지 않고, 신학적으로 읽지 않고, 예언적으로 읽었습니다. 부활 후 제자들에게 나타나셔서 예수님께서 하신 말씀도 "모세의 율법과 예언서와 시편에 나를 두고 기록한 모든 일이 반드시 이루어져야 한다"였습니다(눅 24:44). 쿰란공동체 이후 교회는 시편을 주님이 가르쳐 주신 기도문으로 읽었습니다. 시편은 예수 그리스도를 향한 기도였습니다. 예수 그리스도를 위한 기도였습니다. 아니, 예수 그리스도의 기도였습니다.

시편의 두 인물, 의인과 왕

시편에서 우리는 두 인물을 만납니다.[4] 시편의 들머리(시 1, 2편)가 소개하듯이 시편의 주인공은 의인과 왕입니다. 의인은 고난당하는 사람이고, 왕은 세상을 정복한 용사입니다. 물론, 시편에는 다양한 사람들의 이런저런 체험이 녹아 있습니다. 시편의 시인은 어디까지나 익명의 기도자입니다. 신앙공동체는 그런 사람을 유추할 수 있는 해석(미드라쉬)으로 표제를 달아놓았습니다. 그것을 살필 경우 시편의 기도자는 다윗, 모세, 솔로몬, 고라 자손들, 아삽, 헤만, 에단 등이 됩니다. 믿음으로 살았던 옛 시대 위인들의 발자취가 때로는 탄원으로, 때로는 교훈으로, 때로는 고백으로, 때로는 찬양으로 드러났다는 것입니다.

그러나 시편의 사계(四季)에서 그 주인공은 단연 의인과 왕, 이 두 인물입니다. 시편의 시인들은 한편에서는 고난당하는 의인을 가슴 저미게 기리고 있습니다. 다른 한편에서는 악을 정복하고 세상을 이긴 왕을 힘차게 기리고 있습니다. 교회는 처음부터 시편의 이 두 인물을 예수 그리스도의 이미지로 읽었습니다. 아타나시우스처럼 시편을 크리스천의 기도로 읽으면서도, 그래서 시편을 그리스도인의 자아와 그 영혼의 정서를 파악하는 거울로 삼았으면서도, 오리게네스나 아우구스티누스처럼 시편을 예수 그리스도의 기도로 읽었습니다.[5)] 시편의 바탕이 토다(תודה, 찬송, 감사)이지만 그것을 토라(תורה, 말씀)로 받아들인 분이 "시편의 양분을 먹고 자란" 예수 그리스도이셨다는 것입니다.[6)]

시편에는 고난을 당하는 자가 주님께 도움을 비는 기도가 참 많이 나옵니다. 가령 시편 13, 22, 28, 40, 55, 102편은 대번 우리에게 고난당하는 사람의 기도를 엿듣게 합니다. 그중에서도 가장 빼어난 기도는 시편 22편입니다.

개들이 나를 둘러싸고
악한 일을 저지르는 무리가 나를 에워싸고
내 손과 발을 묶었습니다.

뼈마디 하나하나가 다 셀 수 있을 만큼 앙상하게 드러났으며
원수들도 나를 보고 즐거워합니다.

나의 겉옷을 원수들이 나누어 가지고
나의 속옷도 제비를 뽑아서 나누어 가집니다.

그러나 나의 주님, 멀리하지 말아 주십시오.
나의 힘이신 주님, 어서 빨리 나를 도와주십시오.

내 생명을 원수의 칼에서 건져 주십시오.
하나뿐인 나의 목숨을 개의 입에서 빼내어 주십시오(시 22:16-20).

시인이 전하는 의인은 지금 죽음의 자리로 몰리고 있습니다. 처절한 고통의 자리까지 내려가 있습니다. 교회는 이렇게 고난당하는 사람에게서 우리를 대신하여 희생제물의 길을 걸으신 예수 그리스도를 보았습니다. 중보자이신 예수 그리스도의 목소리를 들었습니다.

시편은 왕에 대해서도 기도합니다. 시편은 왕을 위한 기도, 왕을 향한 기도를 두드러지게 제시합니다. 예를 들어 시편 2, 45, 72, 110편을 읽어 봅니다. 시인이 기리는 왕은 다윗이거나 다윗의 후계자이거나 다윗의 계승자로 장차 오실 메시아입니다.

주님께서 임금님의 권능의 지팡이를 시온에서 하사해 주시니
임금님께서는 저 원수들을 통치하십시오.

임금님께서 거룩한 산에서 군대를 이끌고 전쟁터로 나가시는 날에
임금님의 백성이 즐거이 헌신하고
아침 동이 틀 때에 새벽이슬이 맺히듯이
젊은이들이 임금님께로 모여들 것입니다.

주님께서 맹세하시기를

"너는 멜기세덱을 따른 영원한 제사장이다" 하셨으니
그 뜻을 바꾸지 않으실 것입니다(시 110:2-4).

시인은 지금 왕을 위해 기도합니다. 세상의 정복자가 공의와 정의의 사도이기를 빌고 있습니다(시 72:1-4). 뭇 나라를 심판하면서도 불쌍하고 가난하고 억압당하는 자들의 편이 되어주기를 기도하고 있습니다(시 72:12-14, 110:5-6). 시인이 기리는 왕은 용사입니다. 전쟁에서 당차게 승리하고 돌아온 전사입니다.

이 용사의 이미지가 당찬 정복자의 모습입니다. 구약의 시편에서 제왕시는 왕의 대관식 장면에서 낭송되거나, 전쟁에 나서는 왕을 위해 비는 송시이거나, 전쟁에서 승리하고 돌아온 개선장군에게 바치는 송시로 보입니다. 시의 분위기가 그만큼 평화를 비는 기도라기보다는 "조심하라, 그가 나가신다"는 투입니다.[7] 교회는 이런 왕의 위세에서 메시아이신 예수 그리스도의 최후승리를 힘차게 증언하였습니다.

이런 시를 음미하면서 놓쳐서는 안 될 것은 시인이 그리는 용사가 왕이면서도 제사장이라는 사실입니다. 특히 시편 110편은 그 왕을 제사장 멜기세덱과 연결 짓고 있습니다(4절). 멜기세덱은 왕이자 제사장이었습니다(창 14장). 제왕시에서 제사장은 결코 아론의 후계자가 아닙니다. 대제사장이신 예수 그리스도의 뿌리도 아론이 될 수는 없습니다. 그렇다고 모세의 뒤를 잇는 것도 아닙니다. 시인에게 제사장의 뿌리는 멜기세덱입니다. 이스라엘의 조상 아브라함

마저도 높여야 했던 멜기세덱이 그 뿌리입니다. 신약성경의 히브리서가 멜기세덱을 대제사장이 되시는 예수 그리스도의 근거로 보았던 것도 이런 배경에서 살펴야 합니다(히 3:1-3, 7:1-25). 이처럼 시편의 두 인물 의인과 왕은 모두 예수 그리스도의 예표가 됩니다.

시편 속의 예수 그리스도

유대인들은 오랫동안 시편으로 기도하였습니다. 지금도 시편으로 기도하고 있습니다. 시편으로 기도하기는 처음 교회도 마찬가지입니다. 하나님의 백성 이스라엘이 오랫동안 시편으로 기도해왔지만, 그렇다고 해서, 시편이 유대인의 책은 아닙니다. 시편은 단연 교회의 책입니다.

지난 세기를 밝혔던 신학자 중에 본회퍼(Dietrich Bonhoeffer, 1906-1945)라는 분이 있습니다.[8] "독일의 양심"으로 불렸던 천재 신학자였습니다. 그분이 1935년 "시편 속의 그리스도"(Christus in den Psalmen)라는 제목으로 강연한 적이 있습니다. 그가 말합니다. 시편이 우리에게 주어진 것은 우리로 하여금 예수 그리스도의 이름으로 하나님과 대화하고 교제하기 위해서라고. 무슨 소리입니까? 우리는 시편을 통해 예수 그리스도의 이름으로 기도하는 법을 배울 수 있다는 것입니다.[9]

시편에서 우리는 예수 그리스도의 음성을 듣게 됩니다. 종교개

혁자 마르틴 루터가 성경을 가리켜 그리스도가 누워 계신 말구유라고 말했던 것을 기억해야 합니다. 그러면서 루터는 "시편은 주기도문을 통해, 주기도문은 시편을 통해, 서로 더 분명히 이해하게 해주고 자연스럽게 조화되도록 이끌어 준다"고 강조하였습니다.

교회는 그 첫 걸음걸이부터 구약을 예수 그리스도에 관한 말씀으로 읽었습니다. 마르시온(Marcion) 같은 이단들이 구약성서를 폐기처분하려고 기승을 부렸기 때문입니다. 구약의 말씀을 시효가 지난 율법이라고 단정하였기 때문입니다. 구약의 하나님을 신약의 하나님과 전혀 다른 신으로 간주하면서 구약성서를 폐기처분하고자 하였기 때문입니다. 이런 거센 시류에 맞서 고대 교부들은 구약과 신약을 하나의 성경으로 읽고자 하였습니다. 구약에서 신약의 가르침을 읽고자 하였습니다. 신약에서 구약의 가르침을 찾고자 하였습니다. 이름하여 구약과 신약의 통일성을 추구하였습니다. 그렇기에 2-4세기 당시 교회는 구약성서 안에서 예수 그리스도에 관한 예언을 듣고자 하였습니다. 우리는 그 한 예를 시편 68편에 관한 교회의 해석에서 만나게 됩니다.

앞에서도 말씀드렸듯이 시편의 두 인물은 의인과 왕입니다. 고난당하는 의인에 대해서는 많은 해설이 있습니다. 여기에서는 왕이신 주님에 대해서 이야기하려고 합니다. 그러면서 용사이신 하나님의 이미지가 신약의 언어로 어떻게 재해석되었는지를 주목하려고 합니다.

시편의 지평에서 참 용사는 하나님이십니다. 이스라엘 백성을 군대로 거느리시고 전쟁에 나가서 세상군대들을 무찔러 버리고 시온으로 귀환하시는 하나님이십니다. 시인이 뭇 전쟁에서 승리하시고 보좌에 앉으시는 하나님을 향한 송사(頌辭)를 펼치는 것은 이런 맥락에서 자연스럽습니다.

하나님의 병거는 천천이요, 만만이다.
주님께서 그 수많은 병거를 거느리시고
시내 산을 떠나 그 거룩한 곳으로 오셨다.

주님께서는 사로잡은 포로를 거느리시고 높은 곳으로 오르셔서
백성에게 예물을 받으셨으며
주님을 거역한 자들도
주 하나님이 계신 곳에 예물을 가져왔습니다.
…
하나님, 주님의 능력을 나타내 보이십시오.
하나님, 주님께서 우리에게 발휘하셨던
그 능력을 다시 나타내 보이십시오(시 68:17-18, 28).

시편 68편에서 왕이신 하나님은 이스라엘 군대를 이끌고 온 세상을 정복한 다음 무수한 포로를 붙잡았고 백성이 바치는 예물을 받으셨습니다(18절). 여기 예물은 전리품이나 조공을 뜻합니다. 왕의 이미지가 정복자로 "클로즈업"되고 있습니다. 그런데 교회는 시

편 68편이 힘센 정복자로 소개한 이런 왕의 이미지를 예수 그리스도의 신앙에서 다시 읽었습니다. 헬라어역 성경을 따라서 이렇게 바꿔 읽었습니다.

> 주님도 한 분이시요, 믿음도 하나요, 세례도 하나요, 하나님도 한 분이십니다. 하나님은 모든 것의 아버지시요, 모든 것 위에 계시고 모든 것을 통하여 계시고 모든 것 안에 계시는 분이십니다. 그러나 하나님께서는 우리 각 사람에게, 그리스도께서 나누어 주시는 선물의 분량을 따라서, 은혜를 주셨습니다. 그러므로 성경에 이르시기를 "그분은 높은 곳으로 올라가셔서, 포로를 사로잡으시고, 사람들에게 선물을 나누어 주셨다" 합니다(엡 4:5-8).

"그분은 높은 곳으로 올라가셔서 포로를 사로잡으시고, 사람들에게 선물을 나누어 주셨다!"(엡 4:8). 에베소서 4:8에 인용된 구약 구절은 시편 68:18입니다. 시편 68:18에서는 전리품을 하나님이 받으신(receiving) 것으로 되어 있는데, 그것을 옮긴 헬라어 성경은 하나님이 사람들에게 선물을 나누어 주신(giving) 것으로 재해석하였습니다. 왜 이렇게 되었을까요?

시편 68편이 펼치는 왕이신 하나님을 향한 기도를 고대 교회는 부활하시고 승천하신 주 예수 그리스도로 보았습니다. 승천하여 왕의 보좌에 앉으신 주님이라는 교회의 독법에서 왕이신 주님이 온 세상 사람들에게 선물을 나눠 주셨다고 읽었습니다. 이것은 구약의 말씀을 예수 그리스도의 진리에서 새롭게 해석한 독법에 속합니다.[10] 오늘날 교회가 시편 68편을 성령강림주일에 읽는 본문으로 삼는 것도 이 때문입니다.[11]

교회는 구약을 해석해 가는 열쇠로 예수 그리스도를 꼽았습니다. 이것은 시편읽기에서도 마찬가지였습니다. 시편에서 메시아 예고를 찾았습니다. 구약의 말씀을 기독론적으로 푸는 노력이란, 그렇기에, 고대교부들에게는 거스를 수 없는 커다란 흐름이었습니다. 구약의 말씀을 살려내야(!) 했던 것입니다.

이 같은 노력을 역사적 배경이나 해석학적 맥락을 무시한 알레고리적 해석으로 굳이 단정할 필요는 없습니다. 문맥이나 맥락을 무시한 알레고리는 신앙공동체가 받아들이지 않았습니다. 알레고리적 해석을 지지하자는 것이 아닙니다. 차라리 시편을 예언적으로 읽었다고 보아야 합니다. 그리스도인의 주석은 신앙 안에서 이루어지는 주석이어야 합니다.[12] 낱말 한두 개에 집착하는 것이 아니라 구약에서 신약으로 가는 전체 지평에서 살펴보아야 합니다. 이야기를 꾸미고 있는 장식에 주목하는 것이 아니라 이야기로 말하려고 하는 본질에 주목해야 합니다. 그 본질이 바로 성육신하신 예수 그리스도를 믿는 신앙이 아니고 무엇이겠습니까! 교회는 구약과 신약의 중심인 예수 그리스도를 시편에서 이해하고자 하였습니다. 그래서 시편을 예수 그리스도의 신앙의 빛에서 상고하였습니다. 물론 어려움이 없는 것은 아닙니다. 그렇지만 구약의 시편에서 예수 그리스도를 읽으려는 그들의 열정은 성육신하신 삼위일체 하나님을 믿는 대단한 경건이 없었으면 가능하지 않았습니다.

시편, 예수 그리스도의 기도

시편은 예수 그리스도의 기도입니다. 예수 그리스도가 하나님께 드린 기도입니다. 오리게네스 같은 사람은 시편 69, 71편 등을 아예 그리스도의 기도라고 꼽았습니다.[13] 이들 시에서 외치고 있는 자가 다름 아닌 예수 그리스도라는 것입니다.

복음서에 따르면 예수님의 입말에 오른 시편의 말씀은 예수님께서 십자가의 길을 걸어가고자 예루살렘에 들어가신 뒤부터 구체적으로 소개됩니다. 무엇보다도 눈에 먼저 띄는 구절은 예루살렘 도성 안에서 예수님이 유월절 만찬을 마치고 찬미하며 감람산으로 나아가셨던 대목입니다(마 26:30). 마태복음은 이 모습을 단지 "예수께서 찬미하셨다"는 짤막한 구절로만 전하고 있습니다. 그러나 유대인의 관점에서 짐작할 때 "예수께서 찬미하시며"라는 짧은 구절에는 긴 이야기가 담겨 있습니다.

유대인들은 정기적으로 맞는 신앙절기(유월절, 맥추절, 초막절) 때마다 이집트에서 종살이하던 선조를 구원하여 내신 하나님을 찬양하였습니다. 그렇게 지키던 절기의 하이라이트는 하나님께 드리는 찬양이었습니다. "하나님을 찬미하다"란 말은 히브리어로는 "할렐루야"입니다. 시편에서 할렐루야 찬미를 담고 있는 시는 시편

111, 113, 115-117, 135, 146-150편입니다. 이 시 묶음은 할렐루야로 시작해서 할렐루야로 마칩니다. 유대인들은 별도로 이 시 일부를 "할렐 시"라고도 부릅니다. 그러니까 그날 예수님은 유월절 식사를 마치시고 할렐 시를 하나님께 바치시며 감람산에 오르셨다고 보아야 합니다. 마태복음 26:30은 짤막하게 그것을 보도했지만 실상 거기에는 절기를 지키던 유대인의 관습이 농축되어 있었습니다. 짧은 기록, 긴 이야기인 셈이지요.

마태복음 26:30에 이어 우리가 주목하는 구절은 예수 그리스도의 수난이야기입니다. 복음서가 전하는 이 스토리는 십자가 상의 칠언(七言)으로 정리되어 회자됩니다. 그중에서 우리는 예수님이 읊조리셨던 시편 22편의 첫 마디와 시편 31:5에 관심을 기울여 보려고 합니다(마 27:46; 눅 23:46). 이 두 구절에 대한 엔도 슈사쿠의 묵상이 우리 사색에 도움이 됩니다.

엔도 슈사쿠는 『침묵』으로 잘 알려진 작가입니다. 엔도 슈사쿠는 소설 『침묵』을 쓰고 난 뒤 일본 사람들에게 일본인들이 이해할 수 있는 예수님의 상(像)을 소설로 써서 발표하였습니다. 『예수의 생애』라는 책입니다. 오늘날 독자들은 엔도 슈사쿠의 『예수의 생애』를 해석하는 테마로 그가 증명하는 사랑의 하나님이 어떤 분이신지를 살펴보는 일로 꼽았습니다. 하나님이 사랑의 신이라는 것을 증명하기 위해서 그가 "예수님의 생애"를 어떻게 이해했는지를 살펴보아야 한다는 것입니다.

그러므로 예수가 십자가 위에서 무슨 말을 할까를 제자들은 심상치 않은 공포와 후회를 갖고 기다리고 있었다. 현대의 우리들까지도 임종에 임한 사람의 말씀을 존중한다. 하물며 당시의 유대처럼, 처형되는 자가 빈사의 상태에서 사람들에게 이야기를 건네는 습관이 있었던 지방에서는 유언만큼 중요한 것은 없었기 때문이다.

예수는 과연 무슨 말을 할까. 그들은 기다리고 있었다. 마침내 그 날 오후 예수 최후의 말씀이 무엇인지를 알았을 때 그것은 그들의 상상을 넘어선 것이었다.

"주여 그들을 용서하소서. 그들의 한 바를 모르고 있나이다."

"주여, 주여, 어찌하여 나를 버리셨나이까."

"내 영혼을 아버지 손에 부탁하나이다."

십자가 위에서의 이 세 마디 외침- 이 세 마디 외침은 제자들에게 심한 충격을 주었다.

예수는 제자들을 노여워하는 말씀 한마디 입에 담지 않았다. 그들에게 하나님의 노여움이 내릴 것을 바라지도 않았다. 벌을 바라기는 커녕 제자들의 구원을 하나님께 빌었다.

이러한 일이 일어난다는 것을 제자들은 생각할 수 없었다. 하지만 생각할 수도 없었던 것을 예수는 분명히 말했던 것이다. 십자가 위에서의 심한 고통과 혼탁한 의식 속에서 여전히 자기를 배신한 자들을 사랑하려고 필사적인 노력을 계속한 예수. 이러한 예수를 제자들은 처음으로 알았던 것이다.[14)]

십자가에 달리신 예수님은 사람의 눈으로 보면 배신을 당한 죄수입니다. 작가는 이 대목에서 자기를 배반한 자들을 오히려 용서하며 품으려는 하나님의 사랑을 봅니다. 복음서에서 수난기의 예수님은 참으로 무력한 자로 그려지고 있습니다. 갈릴리에서 저토록 사람들을 놀라게 하고 하나님의 영광을 드높였던 예수님의 모습은 어디론가 사라지고 말았습니다. 골고다의 수난을 당하기 전까지 예수님은 참으로 힘 있는 분이셨습니다. 그러나 수난기의 예수님은 참으로 기진맥진한 예수입니다. 엔도 슈사쿠는 여기에서 제자들에게 버림받고, 하나님에게도 버림받은 것 같았던 예수님이 십자가에서 고통당하면서 토해 낸 음성에 주목합니다. 예수님이 읊조린 시편의 시구에 주목합니다. 그 첫 마디가 시편 22:1이고 그 다른 한 마디가 십자가 위에서 하신 마지막 말씀이었던 시편 31:5입니다.

나의 하나님
나의 하나님
어찌하여 나를 버리십니까?
어찌하여 그리 멀리 계셔서
살려 달라고 울부짖는 나의 간구를 듣지 아니하십니까?(시 22:1)

주님의 손에 나의 생명을 맡깁니다.
진리의 하나님이신 주님

나를 속량하여 주실 줄 믿습니다(시 31:5).

예수님이 십자가 위에서 암송하신 "나의 하나님, 나의 하나님, 어찌하여 나를 버리십니까"(엘리 엘리 라마 사박다니)는 시편 22편에서는 말로 다할 수 없는 고통 중에서도 하나님의 현존을 긍정하고 하나님의 구원을 기대하는 기도입니다. 예수님이 십자가 위에서 하신 마지막 말씀인 "아버지, 내 영혼을 아버지 손에 부탁하나이다"는 유대인들이 저녁기도문으로 삼는 구절인 시편 31:5, "주님의 손에 나의 생명을 맡깁니다. 진리의 하나님이신 주님, 나를 속량하여 주실 줄 믿습니다"의 일부입니다.

예수님이 십자가 위에서 중얼거린 시편 구절들은 단순히 슬픔어린 호소가 아니었습니다. 시편 22편은 "주님의 이름을 나의 백성에게 전하고, 예배드리는 회중 가운데서, 주님을 찬양하렵니다"(22절)라는 하나님 찬가로 옮겨가고 있습니다. 단순히 배신당한 한 인간의 절규를 쏟아냈던 것이 아니라 예수님은 십자가 위에서도 하나님을 끝까지 신뢰하셨다는 소리입니다. 그랬기에 그가 십자가 위에서 중얼거렸던 마지막 기도가 "주님의 손에 나의 생명을 맡깁니다. 진리의 하나님이신 주님, 나를 속량하여 주실 줄 믿습니다"(시 31:5)가 되었다는 것입니다.

엔도 슈사쿠는 예수님이 십자가 위에서 시편 22:1에서 시편 31:5까지를 죽 이어서 암송하고 있었다고 봅니다. 십자가 위에서 예수님은 하나님의 침묵 속에 홀로 고투하는 상황에서도 하나님을 신뢰하는 찬가를 계속 중얼거리며 암송하셨다는 것입니다! 예수님은 십자가 위에서도 내내 시편을 암송하고 계셨다는 것입니다! 이 같은 예수님의 모습이 숨어 있던 제자들에게 커다란 울림으로 다가갔다는 것입니다.

> 이뿐만이 아니었다. 예수는 그의 고통, 그의 죽음에 대해 침묵을 지키고 있는 하나님에 대해서도 시편 22편에서 시작되어 31편으로 이어지는 다윗의 시를 인용하여 전폭적인 신뢰의 말씀을 중얼거리며 숨은 거둔 것이다. '주여, 주여, 어찌하여 나를 버리시나이까'라는 말씀은 결코 절망의 외침이 아니었다. 그것은 '내 영혼을 아버지 손에 부탁하나이다'라는 신뢰의 중얼거림으로 이어지는 시초에 불과하다. 제자들은 이 시편을 숙지하고 있었으므로 예수가 어떤 마음이었는지 잘 알았던 것이다. … 이런 사람을 제자들은 일찍이 몰랐었다. 같은 시대의 예언자는 많았지만 이런 중얼거림을 남기고 숨을 거둔 자는 없었다. 과거의 예언자들도 이만큼의 사랑과 이만큼의 하나님에의 신뢰를 가진 사람은 없었다. … 제자들은 실제로 뭐라 말할 수 없는 심한 놀라움과 충격을 받았던 것이다. "이는 진실로 하나님의 아들이었도다"(마 27:54)라는 감탄의 외침은 다름 아닌 제자들의 입에서 나온 것이리라.[15)]

엔도 슈사쿠는 십자가 위에서 예수님께서 읊조린 시편의 시구들이 제자들에게 비로소 예수님이 어떤 분이셨는지를 깨닫게 해주었다고 보았습니다. 무능해 보였던 스승이, 십자가에 달려 비참하게 죽어가는 예수님이, 죽음의 자리에서도 끝까지 사랑의 언어를 중얼거렸다는 것입니다. 그 목소리를 들었던 제자들에게 마침내 닫혀 있던 눈이 떠지는 놀라운 일이 일어났다는 것입니다. 그때 비로소 예수님의 제자들은 이사야서 53장을 떠올렸다는 것입니다.

> 그는 … 우리가 보기에 흠모할 만한 아름다운 모습이 없다.
> 그는 사람들에게 멸시를 받고, 버림을 받고, 고통을 많이 겪었다.
> …
> 사람들이 그에게서 얼굴을 돌렸고,
> 그가 멸시를 받으니,
> 우리도 덩달아 그를 귀하게 여기지 않았다.
>
> 그는 실로 우리가 받아야 할 고통을 대신 받고
> 우리가 겪어야 할 슬픔을 대신 겪었다.
> 그러나 우리는,
> 그가 징벌을 받아서 하나님에게 맞으며
> 고난을 받는다고 생각하였다.
>
> 그러나 그가 찔린 것은 우리의 허물 때문이고
> 그가 상처를 받은 것은 우리의 악함 때문이다.
> 그가 징계를 받음으로써 우리가 평화를 누리고

그가 매를 맞음으로써 우리의 병이 나았다.

우리는 모두 양처럼 길을 잃고
각기 제 갈 길로 흩어졌으나
주님께서 우리 모두의 죄악을 그에게 지우셨다(사 53:2-6).

시편으로 기도하기

시편의 중심은 다윗입니다. 그러나 엄밀히 말하면 다윗이라는 인간이 아니라 다윗의 왕권입니다. 시편에는 전반적으로 다윗의 왕권에 대한 고백, 기대, 실망, 소망이 그려지고 있습니다. 고대 교부들은 다윗 왕권의 완성을 시편의 중심으로 찾았습니다. 그래서 성육신하신 예수 그리스도가 시편의 중심에 서 있다고까지 보았습니다. 그렇게 생각한 사람 가운데 대표적인 위인이 바로 아우구스티누스입니다.

아우구스티누스는 시편에서 기도하는 사람을 예수 그리스도로 읽었습니다. 한편에서는 시편의 기도를 우리 영혼을 치료하는 양약으로 삼았으면서도, 다른 한편에서는 시편의 기도자를 다윗으로, 예언자로, 교회를 위해서 기도하는 자로 읽었습니다.[16] 아우구스티누스의 말을 빌리면 사람은 여행하는 존재(*homo viator*)입니다. 완성을 향해 가는 도상의 존재입니다. 완성을 향해 나아간다는 말이 부담스럽습니다. 그러나 아우구스티누스는 하나님과 사람의 관계가 역동적으로 진행되기를 원했습니다. 존 웨슬리가 그것을 따서 "그리스도인의 완전"을 원했습니다.

사람은 여행하는 존재입니다. 이 여행은 몸만 위해서 살던 사람이 그리스도의 보혈로 정화되어 영혼을 향해 나아가는 것으로 시작됩니다. 그 여정이 성령의 조명을 받으면서 영혼 안에서 행진합니다. 바울은 우리를 향해 하나님의 영이 거하시는 성전이라고 하였습니다(고전 3:17). 우리는 하나님의 성전이 되어야 합니다. 그러다가 하나님을 향해 나아가게 됩니다. 우리를 지으신 그분 안에 우리를 두게 됩니다. 하나님의 형상을 지닌 존재로 회복하게 됩니다. 그럴 때 우리는 마침내 하나님 안에서 살아 계신 하나님을 체험하는 성숙한 단계에 이르게 됩니다. 하나님의 지배를 받는 삶, 하나님의 동역자가 되는 삶에 이르는 것입니다. 하나님을 닮는 삶에 이르는 것입니다. 하나님을 머리로 알지 않고 가슴으로 체험하게 됩니다. 그런 체험을 하는 자의 입에서 이런 소리가 들리게 됩니다.

> 하나님께 가까이 있는 것이 나에게 복이니,
> 내가 주 하나님을 나의 피난처로 삼고,
> 주님께서 이루신 모든 일들을 전파하렵니다(시 73:28).

우리는 시편으로 기도해야 합니다. 기도는 하나님을 내 앞에 계신 "당신"으로 부르는 결단입니다. 땅은 우리에게 몸의 양식을 제공합니다. 시편은 우리의 속사람을 건강하게 하는 터전입니다. 기독교 신앙은 두 차원을 지닙니다. 하나는 예수 그리스도를 믿는 신앙입니다. 다른 하나는 예수 그리스도를 따르는 신앙입니다. 예수를 섬기기만 해서는 안 됩니다. 예수처럼 살아야 합니다. 감히 말하지만, 우리 삶이 수행이 되어야 합니다. 크리스천의 삶이 수행이 되어야 합니다. 신앙을 교회 안에만 두지 말고 교회 밖에서 실천하자는 소리입니다. 세속 속에서 어떻게 수행을 제대로 이룰 수가 있습니까? 돈을 벌기 위해서는 수단 방법을 가리지 않는 세상살이의 한 복판에서 어떻게 해야 예수를 따르는 삶을 실천할 수가 있습니까?

술에 마약을 풀어
어둠으로 흘리지 마라.
아픔을 눈감기지 말고
피를 잠재우지 마라.
살을 찢고 뼈를 부수어
너희가 낸 길을 너희가 가라.
맨발로 가라.
숨 끊이는 내 숨소리
너희가 들었으니
엘리 엘리 라마 사박다니
라마 사박다니
시편의 남은 귀절은 너희가 잇고,

술에 마약을 풀어
아픔을 어둠으로 흘리지 마라.
살을 찢고 뼈를 부수어
너희가 낸 길을 너희가 가라.
맨발로 가라. 찔리며 가라(김춘수, "못").

김춘수는 우리에게 "꽃"으로 유명한 시인입니다. 김춘수 시인이 예수에 관한 연작 수필 열두 편을 썼다는 사실을 아는 사람은 드뭅니다. 시인이 쓴 예수 이야기는 『내 속에 자리한 예수』라는 제목으로 출간되었습니다.[17] 그 수필에서 시인은 "나를 스쳐간 그"를 고백하고 있습니다. 자기가 경험한 예수 이야기를 전하고 있습니다. 그 수필 속에서 시인이 예수와 관련하여 쓴 시가 열 편입니다.[18] 그 밖에 예수와 직·간접으로 관련된 시들도 스물다섯 편이나 됩니다. 그런 시와 수필들을 가리켜 민영진은 "김춘수의 예수전"이라고 불렀습니다.[19] 한 가지 아실 것은 김춘수가 교회 안의 사람은 아니라는 사실입니다. 그의 시는 어디까지나 교회 밖에서 쓰인 고백입니다.

김춘수 시인의 "못"은 십자가의 예수 그리스도에 대한 명상입니다. 골고다 언덕 위에 세워진 십자가에서 쇠못에 박혔던 예수를 생각하면서 쓴 시입니다. 십자가에 달린 예수 그리스도가 고통 중에 부르짖었던 말을 오늘의 시어로 옮겨 놓았습니다. 예수 그리스도의 십자가에 대한 시인의 명상이 우리 가슴을 저미게 하는 것은 이 때문입니다.

라마 사박다니
시편의 남은 귀절은 너희가 잇고,
술에 마약을 풀어
아픔을 어둠으로 흘리지 마라.

시인은 우리에게 예수님이 하신 "라마 사박다니"(어찌하여 나를 버리셨습니까)의 뒷말은 독자인 우리가 이어서 읊어야 한다고 호소합니다.[20] "시편의 남은 귀절은 너희가 잇고!" 십자가의 고통을 오늘의 삶에서 이어가라는 것입니다. "술에 마약을 풀어 아픔을 어둠으로 흘리지" 말고 시편 22편이 전하는 탄식에서 구원으로 가는 벅찬 여정을 오늘의 시대 속에서 고스란히 이어가라는 것입니다. 그러면서 자기 속내를 이렇게 드러냅니다.

살을 찢고 뼈를 부수어
너희가 낸 길을 너희가 가라.
맨발로 가라. 찔리며 가라.

그렇습니다. 우리가 가야 할 길이 있습니다. 맨발이라도, 찔리더라도! 예수 그리스도를 따르는 길에 들어서야 합니다. 이 길이 주님의 제자가 되는 길입니다. 주님의 따르미가 되는 길입니다. 척박한

이 세상에서, 비아 돌로로사(*Via Dolorosa*)에 견줄 만한 세상길에서, 예수 그리스도가 걸어갔던 "그 길"을 감히 따라야 한다는 것입니다.

"그 길"을 걸으며 기도해야 합니다. 기도해야 "그 길"을 걸을 수 있습니다. 예수님은 시편으로 기도하셨습니다. 우리도 시편으로 기도하여야 합니다. 기도하는 법을 배워야 합니다. 혼란스런 우리의 말로, 거짓된 우리의 마음으로 드리는 기도가 아닌, 하나님이 예수 그리스도를 통해 우리에게 주신 시편의 언어로 드리는 기도를 배워야 합니다. 시편의 언어로 기도해야, 시편의 말꽃을 따라서 기도해야, 오늘의 어지러운 현실 속에서 토다(תודה, 찬양, 기쁨, 감사)를 꽃 피우는 토라(תורה, 말씀)를 제대로 걸을 수가 있습니다. 주여! 우리 기도에 사람의 가난한 마음이 아니라 순결한 하나님의 말씀이 채워지게 하소서!

주(註)

머리말

1) 예를 들어 Gerald H. Wilson, *The Editing of the Hebrew Psalter*, SBLDS 76 (Chico, Calif.: Scholars Press, 1985); Klaus Seybold, Erich Zenger (eds.), *Neue Wege der Psalmenforsung* (Freiburg/New York: Herder, 1994); E. Zenger, *The Composition of the Book of Psalms* (Leuven/Walpole, MA: Peeters, 2010).
2) 박경철,『한 권으로 읽는 구약성서, '삶의 자리'(Sitz im Leben)에서 '책의 자리'(Sitz im Buch)로! — 구약성서, 그 최종형태의 새로운 신학적 의미』(오산: 한신대학교출판부, 2010), 265-309.

시편사색, 시편 한 권으로 읽기 — 토라로 토다를(1)

1) 시경에 대해서는 신영복,『강의, 나의 동양고전 독법』(서울: 돌베개, 2004), 51-67.
2) 같은 말을 다르게 반복하는 평행법(parallelism), 또는 대구법은 히브리

시에서 익숙하다. 이에 대한 고전적 연구는 18세기 영국의 로버트 로우드(Robert Lowth)에게서 시작되어 J. L. Kugel, *The Idea of Biblical Poetry: Parallelism and Its History* (New Haven: Yale Univ. Press, 1981); R. Alter, *The Art of Biblical Poetry* (New York: Basic, 1985); A. Berlin, *Dynamics of Biblical Parallelism* (Bloomington: Indiana Univ. Press, 1985) 등에까지 이어진다. 히브리 시행(절)을 구성하는 각 구절이 그 전반절과 후반절에서 동의적(synonymous), 반의적(antithetic), 종합적(synthetic), 상징적(emblematic), 전환적(pivotal), 교차대귀적(chiastic)으로 반복되거나 강화되거나 보충된다는 것이다. 여기에 대한 소개로는 차준희, 『시편신앙과의 만남』(서울: 대한기독교서회, 2004), 263-268; 김정우, 『시편주석 I』(서울: 총신대학교출판부, 2005), 122-132; 김이곤, 『시편 시문학의 신학』 (서울: 한들출판사, 2006), 40-49를 보라.

3) 이환진 역주, 『시편 풀님』 (서울: 도서출판 한모임, 2005), 96-97.

4) C. S. Lewis, *Reflections on the Psalms* (1958), 이종태 옮김, 『시편 사색』 (서울: 홍성사, 2004), 10.

5) 시편의 시를 분류하는 방식은 다양하다. 흔히 시를 서정시, 서사시 등으로 분류하듯이 시편의 시도 여러 가지로 구분된다. 내용으로 구분하기도 하고, 문체로 구분하기도 하며, 양식으로 구분하기도 한다. 음악적 용도에 따라 구분하기도 하고, 제목에 붙은 저자에 따라서 구분하기도 한다. 그렇지만 시편의 시는 그 형식에서 크게 둘(탄원시, 찬양시)로 구분된다.

6) "하나님의 시"(Theopoetry)라는 용어는 아모스 와일더(Amos N. Wilder)가 처음 사용하였다. Amos N. Wilder, *Theopoetic: Theology and the Religious Imagination* (Philadelphia, 1976). 그 용어를 에리히 젱어(Erich Zenger), 카스 포스(Cas J. A. Vos) 같은 학자들이 이어 받아 시

편을 예배공동체의 찬양, 고백, 기도이면서도 "하나님이 주신 시"로 보게 하였다. 그중에서도 카스 J. A. 포스 지음, 김선익·임성진 옮김, 『신의 시 시편』(서울: 쿰란출판사, 2007)은 시편을 "하나님의 시"로 이해하는 데 도움을 주는 우리말 글이다. 시편 기자들이 하나님과 소통하는 방식으로 삼은 수단이 시라는 것이다.

7) 디트리히 본회퍼 지음, 최진경 옮김,『본회퍼의 시편 이해』(서울: 홍성사, 2007), 14-18. 본회퍼(1906-1945)는 독일 브레슬라우의 독실한 기독교 집안에서 출생하여 1927년에 신학박사 학위를, 1930년에 베를린 대학에서 교수 자격을 취득한 고백교회(Bekennende Kirche) 목사였다. 그는 "독일의 양심"으로 불렸으며, 나치 정권에 대항하는 교회 저항운동에 가담하였다가 체포, 구금되어 히틀러 정권 전복 직전인 1945년 4월 9일 교수형을 당했다. 1925년부터 1945년까지 본회퍼는 저서, 논문, 설교, 서신, 희곡, 소설, 시 등 다양한 작품을 우리에게 남기고 떠났다.

8) 본회퍼,『본회퍼의 시편 이해』, 17.

9) 김이곤,『시편 시문학의 신학』, 75-164.

10) 포스,『신의 시 시편』, 45.

11) Brian Doyle, "Where is God when you need him most? The Divine Metaphor of Absence and Presence as a Binding Element in the Composition of the Book of Psalms," in Erich Zenger (ed.), *The Composition of the Book of Psalms* (BETL 238, Leuven/Paris: Peeters, 2010), 377-390; John C. Endres, "Psalms and Spirituality in the 21st Century," *Interpretation* 56/2(2002), 143-154.

12) 예를 들어 시편 24편(개역개정)은 이렇게 시작한다. "땅과 거기에 충만한 것과 세계와 그 가운데에 사는 자들은 다 여호와의 것이로다 여호와께서 그 터를 바다 위에 세우심이여 강들 위에 건설하셨도다." 이

구절에서 우리말로는 드러나지 않지만 시인은 땅(에레츠, ארץ)과 세계(테벨, תבל)를 '에' 음으로 연결하면서 바다 위(알 야밈, על ימים)와 강들 위(알 네하롯, על נהרות)를 '아' 음으로 연결하고 있다.

시편사색, 시편 한 권으로 읽기 — 토라로 토다를(2)

1) 표제가 없는 시는 34개로 다음과 같다. 시 1, 2, 10, 33, 43, 71, 91, 93–97, 99, 104–107, 111–119, 135–137, 146–150편.
2) 김정우, 『시편주석 I』, 73–74.
3) B. S. Childs, *Introduction to the Old Testament as Scripture* (Philadelphia: Fortress, 1979), 520–523; 김정우, 『시편주석 I』, 80; 김이곤, 『성서주석 시편 I』(서울: 대한기독교서회, 2007), 33.
4) 고라 자손의 시는 42–49, 84–85, 87–88편, 아삽의 시편은 50, 73–83편과 연관된다. 그 밖에 솔로몬(72편), 에스라 사람 헤만(88편), 에스라 사람 에단(89편), 모세의 기도(90편)도 거론된다.
5) 가령 "다윗의 식가욘"(시 7편), "인도자를 따라 깃딧에 맞춘 노래"(시 8편), "다윗의 믹담"(시 16편) 같은 것들이다. 때로는 어떤 곡조나 형식을 가리키는 말도 나온다. 표제를 가진 116개 시 가운데 54개에 걸쳐 "영장으로"(새번역에서는 "지휘자를 따라") 부른다는 소개가 나온다. 그밖에 "빈기놋(현악?)에 맞춘 노래"(시 4, 6, 54, 55, 61, 67, 76편), "스미닛(현악기의 8번째 음[?]에 맞춘 노래"(시 6, 12편), "인도자를 따라 아옐렛사할(새벽 암사슴 가락?)에 맞춘 노래"(시 22편), "인도자를 따라 여두둔 형식으로 부르는 노래"(시 39편) 같은 경우 잘 알려지지 않았거나 알 수 없는 음악용어들을 소개하고 있다.

6) S. Terrien, *The Psalms* (Grand Rapids: Eerdmans, 2003), 30; 김이곤, 『성서주석 시편 I』, 38에서 중인.

7) 『본회퍼의 시편이해』, 29.

8) Vivian L. Johnson, *David in Distress: The Transformations of David through the Historical Psalm Titles* (Ph. D. dissertation, Harvard Univ. 2005).

9) 김춘수, 『시의 이해와 작법』 (서울: 자유지성사, 2003), 108-110.

10) 김춘수, 『시의 이해와 작법』, 101-106.

11) 여기에 대한 최근의 연구 경향은 차준희, 『시편신앙과의 만남』, 280-287을 보라.

12) 대략 다음 10개가 제왕시에 속한다. 시 2, 18, 20, 21, 45, 72, 101, 110, 132, 144편.

13) 새번역에서 시 93:1은 "주님이 다스리신다. 위엄을 갖추시고 능력의 허리띠를 띠시며 다스리신다."

14) 새번역에는 시 93:1b를 시작할 때 "그러므로"를 첨부하고 있다.

15) 시 93:3 원문은 "강물이 요동칩니다, 주님/ 강물이 그 소리를/ 높이 지릅니다/ 강물이 그 물결을/ 미친 듯이 솟구치게 합니다"로 옮겨질 수 있다.

16) 새번역은 시 93:4를 "큰 물 소리보다 더 크시고 미친 듯이 날뛰는 물결보다 더 엄위하신 주님, 높이 계신 주님은 더욱 엄위하십니다"로 옮기고 있다.

17) 새번역은 시 93:5를 다음과 같이 번역한다. "주님의 증거는 견고하게 서 있으며, 주님의 집은 영원히 거룩함으로 단장하고 있습니다."

18) W. Brueggemann, "Psalms and the Life of Faith: A Suggested Typology of Function," *JSOT* 17(1980), 3-32; 브루그만은 이 글에서 시편 시의 언어가 하는 기능을 길잡이(orientation)로 보았다. 토라시가 길잡

이라면, 탄원시는 길 잃음이고, 찬양시는 다시 길에 들어섬을 일깨워 준다는 것이다. 이 글은 다시 *Psalms and the Life of Faith* (Minneapolis: Fortress, 1995)로 발전되었다.

19) 가령 이스라엘 왕국시대를 시의 무대로 정하면 뜻이 통하는 시가 있다(시 89, 93, 99편). 예루살렘 도성의 패망(기원전 587년)을 배경 삼아 읽으면 해석이 풀리는 시들이 있다(시 74, 77, 79, 89편). 유다 백성이 바빌론 땅에서 포로살이를 하던 시기(기원전 587-538년)를 배경으로 읽어야 맛이 나는 시도 있다(시 137편). 고라 자손의 시나, 아삽의 노래 같은 제목이 붙은 시들은 제2성전 시대(기원전 515-기원후 70년)라는 역사적 변혁기를 배경으로 읽으면 더 가슴에 와 닿는다(시 49, 50편).

20) "우리를 짓밟아 끌고 온 자들"로 읽은 "토랄레이누"(תוללינו)가 무슨 뜻인지 분명하지 않지만, "우리를 사로잡아온 자들"(쇼베이누, שובינו)과 평행구로 읽었다.

21) 원문의 "알 아드마트 네케르"(על אדמת נכר)를 개역이나 새번역은 "이방 땅에서"로 번역하였다.

20) W. G. Braude, *The Midrash on Psalms* (2 vols; Yale Judaica Series 13; New Haven: Yale Univ. Press, 1959), 5; G. H. Wilson, *The Editing of the Hebrew Psalter*, SBLDS 76 (Chico, Calif.: Scholars Press, 1985), 182-186.

23) 이런 시각은 차일즈(B. S. Childs)의 제자인 윌슨(G. H. Wilson)의 책 *The Editing of the Hebrew Psalter* 에서 본격화되었다. 이 관점에 대한 최근 국내외 연구로는 R. N. Whybray, *Reading the Psalm as a Book*, JSOTSup 222 (Sheffield: Sheffield Academic Press, 1996); 박경철, "한 권으로 읽는 시편", 김이곤교수정년퇴임기념논문집, 『시편 우리 영혼의 해부학』 (서울: 한들출판사, 2006), 11-57.

24) 여기에 대한 간략한 소개로는, 이태훈,『시편 어떻게 읽을 것인가』(서울: 성서유니온선교회, 2006), 16-20을 보라.

25) Wilson, *The Editing of the Hebrew Psalter*, 9-10, 182-197.

26) V. Steven Parrish, *A Story of the Psalms: Conversation, Canon, and Congregation* (Collegeville, MN.: Liturgical Press, 2003), 6.

시편사색, 시편 한 권으로 읽기 – 토라로 토다를(3)

1) 김정우,『시편주석 I』, 142.

2) James L. Mays, *Psalms* (Westminster: John Knox, 1994), 40.

3) Steven S. Tuell, "Psalm 1," *Interpretation* 63/3(2009), 278.

4) 시편의 현관 역할을 하기에는 시편 2편도 마찬가지이다. 두 시가 모두 복 있는 사람을 거론한다. 시편 1편의 머리말이 "복 있는 사람"이고 시편 2편의 끝말이 "복을 받을 것이다"이다. 시편의 기도는 시편 3편에서부터 본격적으로 시작한다. 오늘날 우리가 읽는 시편은 기도와 찬양으로 들어가는 오솔길의 입구를 토라로 꾸며놓았다. 그러기에 시편 1편은 기도와 찬양으로 들어가는 출입구가 된다.

5) Wilson, *Editing of the Hebrew Psalter*, 222-223.

6) Alan C. Lenzi, "The Metonic Cycle, Number Symbolism and the Placement of Psalm 19 and 119 in the MT Psalter," *JSOT* 34/4 (2010), 464.

7) Tuell, "Psalm 1," 278-279.

8) 시편 119편은 읽기가 쉽지 않다. 우선 내용이 너무 길다. 길뿐만 아니라 지루하게 반복된다. 영감 어린 말보다는 장황한 해설에 가깝게 들

리기도 한다. 그러나 사정이 꼭 그런 것은 아니다. 시편 119편은 22개 연(聯, stanzas)으로, 각 연마다 8절씩, 모두 176개의 절로 구성되어 있다. 연 하나는 히브리어 알파벳의 각 글자를 순서대로 지칭한다. 연 하나, 하나의 각 행은 같은 글자로 시작한다. 첫 번째 연을 제외한 모든 연에 토라란 말이 반드시 한 번은 나온다. 이 시의 모든 행에는 토라나 토라의 동의어가 나온다. 토라란 말이 처음부터 끝까지 나오고 있다. 이것을 지루한 반복이라고 생각해서는 안 된다. 이것은 의도적인 반복이다. 알파벳의 처음부터 끝까지 토라가 고루 작용하고 있다. 이것은 삶의 전 과정에 토라를 적용하라는 말 없는 지시로 보아야 한다. 하나님의 교훈과 동떨어져 사는 삶이란 있을 수 없다는 것을 묘사하고 있다. 시편 119편을 자세히 읽어보면 단 두 절(122, 132절)을 빼놓고는 거의 모든 절이 토라와 관련된 용어들을 사용하고 있다. 그만큼 119편은 토라를 주제로, 소재로, 으뜸가락으로 삼고 있다. 이 시 전체를 시작하는 구절이 이것이다. "그 행실이 온전하고 주님의 법대로 사는 사람은, 복이 있다. 주님의 증거를 지키며 온 마음을 기울여서 주님을 찾는 사람은, 복이 있다"(시 119:1-2).

9) Lenzi, "The Metonic Cycle, Number Symbolism and the Placement of Psalm 19 and 119 in the MT Psalter," 469.

시편사색, 시편 한 권으로 읽기 – 토라로 토다를(4)

1) 사도행전 13:33에 인용된 "시편 둘째 편에 기록된"이란 구절은 몇 개의 필사본에서는 "첫째 시편에"로 소개되고 있다. 이런 착오는 시편의 시에 번호를 매기는 관습의 차이에서 비롯된 것으로 보인다. 김정우,

『시편주석 I』, 167; 김이곤, 『성서주석 시편 1』, 154.

2) 제왕시는 하나님의 통치를 다루는 시이다. 제왕시란 시의 특정한 형식이나 틀, 내용 등이 이스라엘의 왕도에 대해서 해설하고 있다. 예컨대 시온성에서 이루어지는 왕의 즉위시 때 온 세상을 다르시는 분은 하늘의 하나님이라고 가르치는 방식이다. 제왕시에 속하는 시들로는, 시편 2, 18, 20, 21, 45, 72, 89, 101, 110, 132, 144편 같은 시들이 꼽힌다. 여기에 왕의 즉위를 찬양하는 시들, 이를 테면 93, 95, 96, 97, 98, 99편 같은 시도 왕을 위한 노래 속에 든다.

3) Mays, "The Place of Torah Psalms in the Psalter," 9; Gerald H. Wilson, "The Use of the Royal Psalms at the 'Seams' of the Hebrew Psalter," *JSOT* 35(1986), 88–92.

4) Jamie A. Grant, *The King as Exemplar: The Function of Deuteronomy's Kingship Law in the Shaping of the Book of Psalms* (SBL Academia Biblica 17, Atlanta: Society of Biblical Literature, 2004), 244–245.

5) 카스 J. A. 포스, 『신의 시』, 105–106.

6) Wilson, *The Editing of the Hebrew Psalter*, 209–214.

7) Robert A. Cole, "An Integrated Reading of Psalm 1 and 2," *JSOT* 98(2002), 75–76.

8) Cole, "An Integrated Reading of Psalm 1 and 2," 77.

9) 히브리 원문에서 "어찌하여"(람마 לָמָּה)라는 의문사는 2:1의 들머리에 한 번 나온다. 새번역에서는 의미상 이 "어찌하여"를 1–2절에서 모두 4번 반복하고 있으나, 원문의 구문을 따른다면 2:2에서 굳이 "어찌하여"를 반복할 필요가 없다.

10) 히브리 원문에서 시 2:3은 나타크(נתק)와 솰라크(שׁלך) 동사의 1인칭 복수 청유형 문장이다. 새번역에서는 "'이 족쇄를 벗어 던지자. 이 사슬을 끊어 버리자' 하는가"로 되어 있지만, 히브리어 구문의 분위기를

살려 “우리, 이 족쇄를 벗어 던지자. 우리, 이 사슬을 끊어 버리자”로 옮겼다.

11) 강신주, 『철학적 시 읽기의 즐거움』 (파주: 동녘, 2010), 16.

12) Cole, “An Integrated Reading of Psalm 1 and 2,” 80-88.

13) 히브리어 “나사크”(נסך)는 원래 “(액체를) 붓다”는 뜻을 지닌 말이다. 제의에서 이 말은 전제(부어드리는 제물)의 의미로 사용된다. 그러기에 시 2:6의 “내가 나의 왕을 세웠다”는 말은 “내가 나의 왕에게 생명을 주는 정액을 쏟아주었다”는 뜻으로 읽을 수도 있다. 시 2:6을 신인동형론적인 표현으로 보는 것이다. 시 2:7이 2:6에 이어 “내가 너를 낳았다”고 말하고 있는 것도 이런 흐름과 함께한다. Gard Granerod, “A Forgotten Reference to Divine Procreation? Psalm 2:6 in Light of Egyptian Royal Ideology,” *VT* 60/3(2010), 331-334.

시편사색, 시편 한 권으로 읽기 - 토라로 토다를(5)

1) V. Steven Parrish, *A Story of the Psalm: Conversation, Canon and Congregation* (Collegeville, MN.: Liturgical Press, 2003), 6.

2) 박경철, 『한 권으로 읽는 구약성서』, 278-283.

3) Parrish, *A Story of the Psalm: Conversation, Canon and Congregation*, 51.

4) W. Brueggemann, *Spirituality and the Psalms* (Minneapolis, MN.: Fortress, 1995), 27; idem, *The Message of the Psalms: A Theological Commentary* (Minneapolis, MN.: Augusburg, 1984), 53.

5) C. S. 루이스, 『시편사색』, 23.

6) 한나 아렌트, 김선욱 옮김, 『예루살렘의 아이히만』 (서울: 한길사,

2006).

7) 강신주, 『철학적 시 읽기의 즐거움』, 72-76.

8) Patricia K. Tull, "Bakhtin's Confessional Self-Accounting and Psalm of Lament," *Biblical Interpretation* 13/1 (2005), 49-50.

9) J. 클린튼 매칸, 『새로운 시편여행』, 172.

10) Tull, "Bakhtin's Confessional Self-Accounting and Psalm of Lament," 46.

11) 천자문에 나오는 기감훼상은 효경(孝經) 개종명의(開宗明義) 편의 "몸과 머리칼과 피부에 이르는 것은 부모에게서 받은 것이므로 이를 감히 헐거나 다치지 않게 하는 것이 효의 시작이다"(身體髮膚, 受之父母, 不敢毁傷, 孝之始也)에서 온 말이다. 자식이 몸을 훼상(毁傷, 헐고 다치게)하면 부모가 괴로워한다는 뜻이다. 부모를 아프지 않게 해야 효라는 것이다. 김근, 『욕망하는 천자문』 (서울: 삼인, 2009), 125.

12) 김근, 『욕망하는 천자문』, 124-126.

13) C. S. 루이스, 『시편사색』, 49.

14) 김이곤, 『성서주석 시편 1』, 120-133.

15) 시편의 제1-3권에는, 그러니까 시편 1-41, 42-72, 73-89편에는, 탄원시가 시편의 분위기를 주도하지만, 시편의 제4-5권에는, 말하자면 시편 90-106, 107-150편에는, 찬양시들이 시편의 정서를 이끌어가고 있다.

시편사색, 시편 한 권으로 읽기 — 토라로 토다를(6)

1) 박경철, 『한 권으로 읽는 구약성서』, 283-284.

2) 박경철,『한 권으로 읽는 구약성서』, 283–290.

3) D. C. Mitchell, *The Message of the Psalter: An Eschatological Programme in the Book of Psalms* (JSOT Sup 252; Sheffield: Sheffield Academic, 1997), 243–271; J. C. McCann Jr., "Book 1–III and the Editorial Purpose of the Hebrew Psalter," in J. C. McCann Jr. (ed.), *The Shape and Shaping of the Psalter* (JSOT Sup 159; Sheffield: Sheffield Academic, 1993), 93–107; Wilson, "The Use of Royal Psalm at the 'Seam' of the Hebrew Psalter," 85–94.

4) 차준희,『시편신앙과의 만남』, 241–242.

5) 원문에서는 "하나님, 곧 살아 계신 엘"(렐로힘 레엘 하이, לֵאלֹהִים לְאֵל חָי)을 찾기에.

6) David C. Mitchell, "'God will Redeem My Soul from Sheol': The Psalms of the Sons of Korah," *JSOT* 30/3 (2006), 365–384.

7) 원문에서는 "하나님을 바라라"(혹힐리 렐로힘, הֹחִילִי לֵאלֹהִים)는 명령형이다.

8) 원문에서는 "내 얼굴의 구원"(예슈오트 파나브, יְשׁוּעוֹת פָּנָיו)이나 칠십인역과 시리아어 성경을 따라서 시 42:6(H 42:7)의 첫 글자인 "나의 하나님"(엘로하이, אֱלֹהַי)을 시 42:5(H 42:6)의 끝 글자로 간주하여 "내 얼굴의 구원자, 나의 하나님"으로 읽었다.

9) Parrish, *A Story of the Psalms: Conversation, Canon, and Congregation*, 51–56.

10) Parrish, *A Story of the Psalms: Conversation, Canon, and Congregation*, 56.

11) 원문에서는 "나의 혀"(레쇼니, לְשׁוֹנִי)이지만 히브리어 "라숀"(לָשׁוֹן)은 혀뿐만 아니라 언어나 말글을 가리키기에 여기에서는 그 은유적 의미를 따라서 "입술"로 옮겼다.

12) 원문에서는 "글 솜씨가 뛰어난 서기관"(소페르 마히르, סוֹפֵר מָהִיר). 히

브리어 "마히르"(מהיר)에는 "능숙한"이란 뜻이 있다.

13) 원문에서는 "철필"(에트, עט)이지만 문맥에 따라 서기관의 "도구"로 옮겼다.

14) 원문에서는 "사람의 아들들"(브네 아담, בני אדם).

15) 이 구절의 히브리어는 확실하지 않으나 본문의 앞뒤 평행구에 맞춰 "진실의 언어를 따라서"와 "정의의 판결을 따라서"로 읽으면서, 히브리어의 "판결"의 은유적 의미인 "길"을 대응어로 삼아서 표현하였다.

16) Christoph Schroeder, "'A Love Song': Psalm 45 in the Light of Ancient Near Eastern Marriage Texts," *CBQ* 58/3 (1996), 417–432.

17) David G. Hunter, "The Virgin, the Bride, and the Church: Reading Psalm 45 in Ambrose, Jerome, and Augustine," *Church History* 69/2 (2000), 281–303.

18) Walter J. Houston, "The King's Preferential Option for the Poor: Rhetoric, Ideology, and Ethics in Psalm 72," *Biblical Interpretation* 7/4(1999), 341–367.

19) Houston, "The King's Preferential Option for the Poor," 349–360.

20) M. Kleer, *Der liebliche Sänger der Psalmen Israels: Untersuchungen zu David als Bichter und Better der Psalmen* (1996), 포스, 『신의 시』, 72에서 중인.

21) 포스, 『신의 시』, 72.

22) Michael Goulder, *The Prayers of David (Pslam 51–72): Studies in the Psalter II* (JSOTSupp. 102, Shefield: JSOT Press, 1990), 24–25.

23) Goulder, *The Prayers of David (Pslam 51–72): Studies in the Psalter II*, 48.

24) 참회시라는 명칭은 시의 양식에 따른 분류는 아니다. 참회시라는 명칭은 교회가 오랫동안 그렇게 불러오다 보니 굳어진 표현으로 여기에

는 모두 7개가 있다. 바로 시 6, 32, 38, 51, 102, 130, 143편이다.

25) 김월회,『고전과 놀이』(서울: 서울대학교출판문화원, 2009), 133.

26) Goulder, *The Prayers of David (Pslam 51-72): Studies in the Psalter II*, 246.

시편사색, 시편 한 권으로 읽기 — 토라로 토다를(7)

1) 박경철,『한 권으로 읽는 구약성서』, 289-290.

2) Parrish, *A Story of Psalms*, 82.

3) 다석학회,『다석 강의』(서울: 현암사, 2006), 508-532.

4) 유영모,「소식」,『제소리: 다석 유영모 강의록』(서울: 솔, 2001), 333.

5) Parrish, *A Story of Psalms*, 94-95.

6) James M. Trotter, "Death of the אלהים in Psalm 82," *JBL* 131/2(2012), 221-239.

7) 김흥호,『다석일지공부』4 (서울: 솔, 2001), 89.

8) 다석학회,『다석 강의』, 837; 박재순,『다석 유영모』(서울: 현암사, 2009), 211.

9) 다석학회,『다석 강의』, 838-839.

10) 시편의 제3권의 마지막인 시 89:38-51을 시편의 분기점으로 보자는 제안은 윌슨이 제기하였다. 앞에서도 지적하였지만 윌슨은 시편이라는 구조물을 지탱하는 뼈대를 제왕시로 보면서 시편의 제1-3권이 거론하는 다윗왕정이 탄원으로 끝나지만, 그 탄원에 대한 해답을 시편 제4-5권이 제공하고 있다고 본다. Wilson, *The Editing of the Hebrew Psalter*, 209-214. 이런 시각에서 매칸(J. Clinton McCann)도 시편을

이해한다. J. McCann, *A Theological Introduction to the Book of Psalms,* 김영일 옮김, 『새로운 시편 여행』, 50–54.

11) 강신주, 『철학적 시읽기의 즐거움』, 84에서 중인.

12) 비교, P. E. Satterthwaite, "Zion in the Songs of Ascent," in R. S. Hess and G. J. Wenham (ed.), *Zion, City of Our God* (Grand Rapids: Eerdmans, 1999), 105–128; David C. Mitchell, *The Message of the Psalter: An Eschatological Programme in the Book of Psalms* (JSOTSup 252, Sheffield: Sheffied Academic, 1997), 82–87.

13) Parrish, *A Story of Psalms*, 85.

14) 박목월 유고 시집, 『크고 부드러운 손』 (서울: 민예원, 2003), 125–126.

15) 박동규, "아버지 박목월의 시에서 만나는 기독교 정신", 『별세의 삶』 (2004 여름), 165–166.

시편사색, 시편 한 권으로 읽기 – 토라로 토다를(8)

1) Wilson, "The Use of Royal Psalms at the 'Seam' of the Hebrew Psalter," 85–94; idem, *The Editing of the Hebrew Psalter*, 209–220.

2) 박경철, 『한 권으로 읽는 구약성서』, 290–299.

3) 정호승, 『내 인생에 힘이 되어준 한마디』(서울: 비채, 2006), 149.

4) Paul R. House, "Examining the Narratives of Old Testament Narrative: An Exploring in Biblical Theology," *WTJ* 67(2005), 241.

5) Parrish, *A Story of the Psalms*, 106.

6) 비교, 박경철, 『한 권으로 읽는 구약성서』, 292–293.

7) Gregory J. Riley, *The River of God* (San Francisco: HarperCollins, 2001), 8-11.

8) House, "Examining the Narratives of Old Testament Narrative," 242.

9) 검을 현(玄)은 실을 허공에 걸어놓은 모양에서 온 말이다. 실은 본래 흰색이다. 그렇지만 실이 오래 공중에 매달려 있었다면 그 색은 어둡게 된다. 그래서 현(玄)자에 "검다", "어둡다", "아득하다", "그윽하다"는 의미들이 담겼다고 본다. 김근, 『욕망하는 천자문, 문자 속에 숨은 권력 천자문 다시 읽기』 (서울: 삼인, 2009), 29. 여기에 대해서는 왕대일, 『기독교 경학(經學)과 한국인을 위한 성경해석-경학으로서의 성서해석』(서울: 대한기독교서회, 2012), 331-332에서도 언급하고 있다.

10) 김근, 『욕망하는 천자문, 문자 속에 숨은 권력 천자문 다시 읽기』, 29-32.

11) Bernhard Anderson, *Out of Depth: The Psalms Speak for Us Today* (rev. ed., Philadelphia: Westminster, 1983), 53-54.

12) Carleen Mandolfo, *God in the Dock: Dialogic Tension in the Psalm of Lament* (JSOTSup. 357, Sheffied: Sheffield Academic, 2002), 30-35. 만돌포는 시편의 13개 시(4, 7, 9, 12, 25, 27, 28, 30, 31, 32, 55, 102, 130편)에는 하나님께 드리는 기도 사이에 또 하나의 목소리가 개진되어 있음을 주장한다. 이 두 개의 목소리는 예배 때 사회자와 회중이 주고받는 대화를 반영하고 있다고 본다.

13) Robert C. Culley, "Psalm 102: A Complaint with a Difference," *Semeia* 62 (1993), 30.

14) Culley, "Psalm 102: A Complaint with a Difference," 32.

15) 비교, Bernard Gosse, "Abraham and David," *JSOT* 34/1 (2009), 25-31.

16) House, "Examining the Narratives of Old Testament Narrative," 243.

17) 김현식, 『포스트모던 시대의 역사란 무엇인가? E. H. 카와 역사의 벗에게 띄우는 15통의 편지』 (서울: humanist, 2006), 53-54.

18) 김현식, 『포스트모던 시대의 역사란 무엇인가?』, 73.

19) 김현식, 『포스트모던 시대의 역사란 무엇인가?』, 152-155.

시편사색, 시편 한 권으로 읽기 - 토라로 토다를(9)

1) 박경철, 『한 권으로 읽는 구약성서』, 299; Erich Zenger, "The Composition and Theology of the Fifth Book of Psalms," *JSOT* 80(1998), 77.

2) 시 111:1, 112:1, 113:1, 9, 115:18, 116:19, 117:2, 135:1, 21. 또 시 146-150편은 할렐루야를 시의 처음과 끝맺음으로 내세운다. 시 146:1, 10, 147:1, 20, 148:1, 14, 149:1, 9, 150:1, 6.

3) Zenger, "The Composition and Theology of the Fifth Book of Psalms," 78.

4) G. H. Wilson, "Shaping the Psalter: A Consideration of Editorial Linkage in the Book of Psalms," in J. C. McCann, Jr. (ed.), *The Shape and Shaping of the Psalter* (JSOTSup. 159, Sheffield: JSOT Press, 1993), 78-79.

5) K. Koch, "Der Psalter und seine Redakionsgeschichte," in K. Seybold and E. Zenger (eds.), *Neue Wege der Psalmenforschung* (HBS, 1: Freiburg: Herder, 2nd. ed. 1995), 251.

6) "새 역사의 현장에서 듣는 옛 말씀"은 원래 김정우, 『시편주석 III』,

316에서 시 108편에 붙인 제목이다. 여기에서는 그 표현을 시편 제5 권의 성격을 이해하는 말로 따왔다.

7) Zenger, "The Composition and Theology of the Fifth Book of Psalms," 81–82, 90, 101.

8) R. G. Kratz, "Die Tora Davids: Psalm 1 und die doxologische Fünfteilung des Psalters," *ZTK* 93(1995), 21–23.

9) Kratz, "Die Tora Davids," 24–26.

10) Zenger, "The Composition and Theology of the Fifth Book of Psalms," 99–100.

11) C. S. 루이스, 『시편 사색』, 115.

12) Koch, "Der Psalter und seine Redakionsgeschichte," 256–258.

13) Jinkyu Kim, "The Strategic Arrangement of Royal Psalms in Book IV–V," *WTJ* 70/1 (2008), 148–149.

14) Zenger, "The Composition and Theology of the Fifth Book of Psalms," 96–98; Wilson, *The Editing of the Hebrew Psalter*, 222–223.

15) Kratz, "Die Tora Davids," 24–26.

16) 김정우, 『시편주석 III』, 503.

17) Kratz, "Die Tora Davids," 25.

18) Zenger, "The Composition and Theology of the Fifth Book of Psalms," 99.

19) Zenger, "The Composition and Theology of the Fifth Book of Psalms," 81–82.

20) Claus Westermann, *Praise and Lament in the Psalms* (Atlanta: John Knox, 1981), 155.

21) Walter Brueggemann, *Israel's Praise: Doxology against Idolatry and Ideology* (Philadelphia: Fortress, 1988), 76.

22) 시 150:1은 '하나님을 찬양하라'(할렐루-엘)로 시작한다. 그 뒤 5절에 이르기까지 본문은 '그를 찬양하라'(할렐루후)를 계속한다. 처음에는 '엘'(하나님)이 동사의 목적어이지만, 그 다음부터는 '후'(그)라는 인칭어미가 '엘'을 대신하고 있다. 그래서 이 구절을 모두 '하나님을 찬양하라'로 옮겼다. 시 150:1-5는 하나님을 찬양하라고 먼저 말한 다음 어디에서, 어떻게 찬양해야 할지를 소개하고, 맨 끝에 가서는 누가 찬양해야 할지를 밝히고 있다.

시편사색, 시편 한 권으로 읽기 — 토라로 토다를(10)

1) 여기에 대해서는 김정우, 『시편주석 I』, 44-52를 보라.
2) Gerald H. Wilson, "The Qumran Psalm Scroll(11QPs[a]) and the Canonical Psalter: Comparison of Editorial Shaping," *CBQ* 59/3(1997), 448-464.
3) Wilson, "The Qumran Psalm Scroll(11QPs[a]) and the Canonical Psalter," 453-455.
4) C. S. 루이스, 『시편사색』, 172.
5) Ronald E. Heine, *Reading the Old Testament with the Ancient Church: Exploring the Formation of Early Christian Thought* (Grand Rapids: Baker Academic, 2007), 146-173.
6) 차준희, 『시편신앙과의 만남』, 70.
7) C. S. 루이스, 『시편사색』, 174.
8) 디트리히 본회퍼 목사는 제2차 세계대전(World War II, 1939-1945년) 기간 중에 나치즘에 저항하면서 독일 고백교회(Bekennende Kirch)가 세운 목사후보생교육기관의 책임을 맡았다. 이 학교는 1937년에 폐교

되었다. 또 1941년에는 본회퍼에게 저술활동을 일체 금지하는 명령이 내려졌다. 그 후 강연하러 미국으로 가게 되고 주위에서 미국으로 이주할 것을 권유했으나 제2차 세계대전의 종전 직전에 독일로 귀국하여 히틀러 정권의 전복단체에 합류하여 활동하다가 1943년 체포되었고, 1949년 4월 9일 교수형을 당하였다. 본회퍼 목사에 대해서는 "시편사색, 시편 한 권으로 읽기－토라로 토다를(1)", 주(註) 7번을 보라.

9) Dietrich Bonhoeffer, *Life Together* (Engl. trans., New York: Harper & Row, 1954), 48.

10) Richard A. Taylor, "The Use of Psalm 68:18 in Ephesians 4:8 in Lighr of the Ancient Versions," *Bibliotheca sacra* 148, no. 591(1991), 319-336.

11) C. S. 루이스, 『시편사색』, 178-179.

12) Heine, *Reading the Old Testament with the Ancient Church*, 194.

13) Heine, *Reading the Old Testament with the Ancient Church*, 159-161.

14) 엔도 슈사쿠, 김광림 옮김, 『예수의 생애』 (서울: 홍성사, 1983), 206.

15) 엔도 슈사쿠, 『예수의 생애』, 207.

16) Heine, *Reading the Old Testament with the Ancient Church*, 170-173.

17) 남진우 엮음, 『김춘수 대표 에세이: 왜 나는 시인인가』(서울: 현대문학, 2005), 107-212.

18) 김춘수가 남긴 '예수 시'의 제목은 다음과 같다. "천사, 눈물, 아만드 꽃, 교외의 예수, 몸져누운 어릿광대, 분꽃을 보며, 시 III, 땅 위에, 못, 둘째 번 마리아." 민영진, 『교회 밖에 핀 예수 꽃』(서울: 창조문예사, 2011), 75-76.

19) 민영진, 『교회 밖에 핀 예수 꽃』, 73-92.

20) 민영진, 『교회 밖에 핀 예수 꽃』, 69.